不再焦慮的深層教養

教養從心連心開始，減輕父母的教養壓力，
喚醒內在愛的直覺

U0079797

雪莉·喬漢 Shelly Chauhan——著　謝明珊——譯

Heartfelt Parenting
How To Raise Emotionally Balanced and Resilient Children Using the Science of Connection

推薦序

唯有專心連結，才是真正有用的教養

李儀婷／薩提爾親子溝通專家

在養育孩子的日常生活中，父母經常會有深深的疲憊感，那種疲憊源自於許多「責任」與「期待」，更多來自於「忙碌」的生活。

父母幾乎沒有辦法停下腳步，好好與孩子共同生活，在夾擊的時間壓力下，父母關心孩子的品行、關心孩子的課業、關心孩子的才藝，以及關心孩子各項能力表現，唯獨漏掉關心孩子的「情感」教育。

父母不是故意不關心孩子的情感，而是過去的傳統教育，沒有人教會現代父母該如何關心孩子的情緒，甚至該如何貼近孩子的內在。

父母焦慮什麼才是對孩子最好的教養，面對孩子叛逆與層出不窮的問題，父母又該如何面對日益嚴重的親子課題？於是，坊間的「親子教養書」孕育而生，許多教育有成的教養家以及富有專業學理的心理師，根據自己所信仰的成果，為父母列出了一條又一條的方法，打造一個又一個「富有理性、具備邏輯、能解決親子問題」的教養壓模，提供父母使用。

於是，父母滿心歡喜地將孩子送進理想的壓模中，期望孩子就可以順利變成「優秀、禮貌、關係和諧」的孩子。

然而，總是事與願違，親子戰爭並沒有因這些琳瑯滿目的教養書上市，而得到消弭，反而更激化了親子的對立關係。

為什麼如此？

這讓我想起年幼時，幫家裡跑腿去傳統雜貨店，買醬油順手買糖的經驗。雜貨店的櫃臺上有個糖罐，口窄瓶深的罐子裡裝著滿滿的彩虹球糖，一次只要付2元，就能把手伸進去抓一把糖果出來。然而，每次將手伸進去，越貪婪地想抓滿一把糖果，就越抽不離瓶罐，注定無法得到任何糖果。不但弄巧成拙一顆也拿不到之外，還會得到老闆的取笑：做人太貪心遲早要受傷。

後來，去買糖的孩子都學乖了，只有大膽捨下，專注捏緊其中一顆，拳頭才得以從狹窄的瓶口中抽身而出。

最後，我也從中得到一顆糖，而那顆糖，卻是我印象中最甜美的糖球，一如教養。

太多的教養方法只會讓父母越學越混亂。想教好規矩，又想建立價值觀，又想讓孩子學會獨立，又想有好的親子關係，最後貪心的結果，就是孩子距離我們越來越遙遠。

這本書的作者——雪莉・喬漢，長年研究腦神經科學，同時身兼母親角色的她，精闢的點出隱藏於「親子教養書」背後的神經原理，清楚揭示「和諧的親子教養，需要動用右腦的情感神經系統；而市面上的教養書，提倡的方法和工具，都聚焦於左腦的神經運作。」這就是現代父母越教，孩子離我們越遠的真正原因。

這本書，幾乎跨越了市面上所有工具教學式的「教養書」，讓父母不用遵循那些混亂的規則和方法，而是以神經科學為基礎，為父母指引一條簡單又明確的教養方法，那就是「用心連結」。

雪莉的方法簡單，卻是唯一有效的教養方式。我長年推動「薩提爾教養」進入家庭，在這歷程中，我深刻體會「時間」是父母教養孩子的首要敵人！一個在乎節奏、在乎進度，被時間綁架的父母，眼裡是看不見孩子的光彩。

唯有放下對時間的焦慮，與孩子才有連結的可能，也唯有父母與孩子連結了，所有的親子難題才會迎刃而解。我所推崇的薩提爾模式教養孩子，與本書提倡的連結有著異曲同工之妙，有相同的脈絡——只要用心連結了孩子的渴望（愛），行為的問題就不再是問題，甚至自己會隨風而逝。

這本書從解說腦神經科學對孩子的影響出發到以「連結孩子」為目標。讀者可以跟著「引導你與孩子連結」的正念練習影片檔來練習，這本書宛如一本教養界的立體書，從 2D

晉升為 3D，帶領你手把手、心連心的學習。讓我們記取寶貴的教養心法，一次只取一顆糖，當下只專注眼前所見的孩子，真誠地連結，才有可能抵達和諧的親子關係。

這是我近年所讀的教養書裡，最為驚喜與推崇的一本，值得所有父母學習，每天按書裡給予的練習步驟，試著讓自己關注的焦點，從「期待」轉而「欣賞」孩子獨特的天賦。

推薦序

累積與孩子全然同在的那些微小片刻

陳志恆／諮商心理師、暢銷作家

想一想，上一次你與孩子相處，感覺到自在平靜、彼此心意相通，是什麼時候？而生活中，這樣的時光，多嗎？

老實說，大部分的父母很難「享受」與孩子相處的時光，尤其是孩子長時間纏著你時，總是處在令人焦慮難耐的情境中。父母忙著催促孩子上學、讀書、就寢，不時叮嚀生活大小事，這些兵慌馬亂的時刻，不論孩子或大人，都處在高壓之下，彼此的連結是「斷線」的。

所以，我們總期待孩子，快點長大！

《不再焦慮的深層教養》一書開宗明義就指出，教養的核心在連結，而且是「高品質的深層連結」。作者從神經生理機制的角度，論述連結如何影響教養與孩童的心智發展。

我的理解是，所謂「連結」就是與另一個生命全然的同在。累積越多這樣的經驗，對孩子的身心發展越好。

我時常帶著孩子去公園玩，孩子在那兒爬上爬下，跑跑跳跳，我則是在一旁滑手機。直到孩子在那頭大喊：「爸爸，不要滑手機！」（相信我，女兒才兩歲半，已經會這麼說了！）我才恍然大悟，我看似在陪伴，人在卻心不在。但是，孩子卻是渴望與父母全然的同在呀！

許多大人說：「我每天都關注著孩子呀！」這樣是否就是連結呢？

我要問，當你關注著孩子時，內心感到平靜自在，還是焦慮不安？若是前者，我相信，你能享受這段與孩子親密互動的時光，你與孩子的內心是相互連結著；若是後者，你只是在履行生活任務，不得不在意孩子的外在表現，但內心卻是與孩子斷了線。

這就是為什麼，當我陪在女兒身旁時，總是人在卻心不在；因為我的內心很慌亂，心頭充斥著生活壓力，卻無法調節與安頓自己，當然難以做到與孩子全然的同在。

我一直很喜歡「同理心」這個溝通技巧。同理心就是能感同身受與充分理解對方的處境，並表達出來讓對方知道。當父母深刻同理孩子時，孩子會感覺被理解、被支持，這樣經驗便能啟動孩子調節情緒的生理機制，讓他們回到專注、穩定的狀態，有能力再度面對困境。因此，同理心無法解決孩子的困境，卻會讓他們情緒穩定下來，進而有力量去回應困境。

所以，同理心是促進連結的基礎；然而，父母若只是做表面功夫，孩子只會更焦躁。

不過，要時時保持真誠的態度對待孩子，真的有那麼難嗎？是的，因為大人長期處在高壓之下，也常與自己斷了連結，無法覺察自己的情緒和感受。

當你無法連結自我，自然也難以深層連結孩子。

《不再焦慮的深層教養》這本書告訴你，從敏銳地覺察身體感覺著手，去發現各種不同情緒在身體上的訊號。當你將注意力放在自己身上時，你已經開始感受自己，與自己重新連結上。如此，你才有能力調節自己，回到穩定自在的狀態，而能與孩子全心連結，真正的同在。

我相信，長時間累積高品質的深層連結是教養的根基，儘管父母每天只投注微小片刻，都能正面影響孩子的身心發展。

作者序

我們當父母的人，有越來越多教養和心理學的資訊可以看，自然是比以前更明白，我們跟孩子的互動會影響和形塑孩子的行為。只不過，這些資訊真的是在幫我們關注小孩真正的需求，讓孩子有健康的頭腦、心智和關係嗎？

我們教養孩子的過程中，經常照本宣科，擔心不照做可能會傷害孩子。我第一個孩子出生時，還記得我讀了一些書，提到教養行為對孩子的頭腦會造成深遠影響，當時我以為自己讀懂了，便努力照著書本的建議去做，但現在看來，我只是「做出」（**doing**）好媽媽的樣子，而不是營造心連心的連結，讓一切自然而然發生。我經過多年的研究和練習，身兼心理學家和母親的雙重身分，終於慢慢學會跟孩子一起創造平靜、溫暖和連結。「同在」（**being**）模式大大改變我們的家庭生活。我總算明白了，為什麼教養有時候會這麼難，該如何讓教養更符合直覺，交流更輕鬆。

人與人之間的連結，絕非看書就做得來。這是一種情緒狀態，建立在雙方無數情緒同步的瞬間，當下由衷感覺到「同步」，加深了彼此的理解和同理心，這對於健康的身心不可或缺，就像是肺部少不了氧氣一樣。連結是幸福的關鍵，我們仰賴同一個生物系統，加深人與人連結，同時幫助我們平靜下來，調節情緒，讓身體器官休養生息，並且勇於迎接各種經驗。此外，孩子也需要這樣的連結，在頭腦發育的過程中「整合」各個腦部區域，強化孩子的情緒韌性，這在現代格外重要，否則無論大人或小孩，似乎都容易焦慮、壓力大、憂鬱。

人類邁向新紀元，從神經科學的角度，明白人與人的連結會如何影響和形塑我們。我們比以前更了解孩子，以及孩子最需要從父母的身上獲得什麼。人體和人腦有一個生物系統，專門幫助我們確認安危，判斷有沒有必要做自我防衛。這可是數百萬年來演化的結果，讓我們保持高度警覺性，確保生存無虞。如果這個安危偵測系統會說話，應該會這樣提問吧：「我安全嗎？」「你還在嗎？」這反應時間不到一秒鐘，而且不自覺地無限循環。

唯有我們回答：「是的」，身心才得以放鬆自在。如此一來，你在跟別人互動時，也會更有連結和溫度。安全感只會在我們被理解、被接納的時候出現，就彷彿有人對我們說：「我可以明白你現在的感受」，「我永遠支持你」、「我接納你原本的樣子」。注意了，這不是用嘴巴說說，而是盡在不言中。這源自另一個腦部系統，不會導致焦慮、評價、批判或憤怒的互動關係，所以不會傷害親子關係。當你以平靜互惠的方式跟別人產生連結，身體會分泌催產素，這是很厲害的荷爾蒙激素，對於人際關係和社交行為有益，也會緩解我們對壓力和焦慮的反應。

教養做得好，有賴親子同調，以及發自內心同理孩子的情緒狀態。一開始，情緒只是體內產生細微變化，包括心跳、呼吸、肌肉緊繃和化學元素波動（神經傳導物質、荷爾蒙等），每一種情緒都有它獨特的模式，例如：憤怒會升高心跳，悲傷會降低心跳。當你懂得覺察體內狀態，知道如何調節，便可以在面對難關時，同時保持平靜和高度警覺。當你無法調節內在情緒狀態，可能有兩種結果，一是情緒高漲，急著宣洩情緒或逃避情緒，二是閉鎖情緒。壓力、憤怒、躁動、沮喪、興奮、焦慮、厭惡和鄙視，都象徵著情緒高漲，一點一滴消磨你的同理心和連結。為了建立心連心的親子關係，你必須做好自我調節。為了調節情緒，你必須先學會從身體感受情緒狀態。唯有如此，才能夠調節小孩的情緒。

這一點很重要，基於兩個原因。首先，孩子調節情緒的能力還不夠純熟，他們要等到年紀大一點，甚至到了二十五歲以後，才懂得調節自己的情緒，所以容易受強烈的情緒流動擺布，一下子往東，一下子往西，卻很少朝著我們期待的方向去。除非孩子腦部重要區域發育完成，才能夠調節情緒、控制自己、覺察自我和做決策，否則要依賴父母的「代理」大腦來反射孩子的感受，幫孩子回歸平靜。

其次，孩子也要仰賴父母親建立內在安全感和自我意識。如果父母沒時間注意和關照孩子的感受，便無法在孩子需要的時候給予安撫，孩子會變得玻璃心、壓力大。孩子天生就懂得「解讀」父母的心思，隨時確認（透過非言語的訊息判斷「安全」和「威脅」）親子相處的狀態。父母有沒有用心？父母有沒有在乎？父母有沒有趕時間？父母有沒有覺察他們的需要？他們能不能活下來？每個人天生就有連結的需要。我們要記得，情緒關乎實際的生理變化，包括心跳、化學物質和肌肉緊繃，這些都可能帶來不適，孩子卻沒有關閉這些強烈情緒的「按鍵」，就彷彿播放震耳欲聾的音樂，卻無法調整音量，這樣你就明白為什麼要刻意創造連結的條件，讓親子連結自然而然的發生和擴展。

更重要的是，孩子能感覺到父母的情緒狀態。父母眼部肌肉不自覺動一下，聲調稍微變一下，都逃不過孩子的法眼。一旦孩子感覺到了，內在情緒狀態會跟父母同步，因為情緒會互相傳染，導致親子之間的負面情緒引發連鎖反應，造成彼此的壓力和煩惱。教養確實是心連心的過程，心臟透過迷走神經連結我們表達情緒的臉部肌肉，每當情緒有任何細微變化，都可能顯現在聲音和表情上，導致孩子的心跳加速或放慢。這是人與人互相分享情緒的機制之一。

如果親子關係的基礎夠穩固，教養的過程就會更容易、更平靜、更喜悅。你跟孩子相處的時候，再也不覺得是在消耗內在資源，反而從親子相處中感到滋養滿足，但你可能心想，連結不就是自然而然發生的嗎？哪需要閱讀腦神經科學的書籍啊？有些人確實是這樣，但我相信現代人比以前更容易失去連結，不信的話，我有一些完美的科學證據支持。

現代人用腦的方式隨著時間演化，偏重會促進活動、奮鬥、實現、評價、控制和思考的腦部系統，卻忽視會促進身體覺察、接納、平靜、活在當下和情緒連結的腦部系統。這其實會影響親子關係，進而影響孩子的自我意識，孩子學習調節情緒的能力，孩子面對逆境的態度，以及孩子跟其他人的關係，我相信，就連孩子覺得自己值不值得被愛，都會受到這個影響。當父母忙碌壓力大，便難以啟動與生俱來的關懷系統，一旦關懷系統失靈，便無法增進安全感、健康和幸福，當然就不可能促進親子連結了。

這本書不太一樣，我不想教大家如何支配孩子，讓孩子乖乖聽父母的話，我強調的是，當父母學會滿足孩子腦部和身體的渴望（被接納、被理解和溫暖的感受），自然會奠定穩固的基礎，實現你對孩子和家庭生活的期待。如果你不滿足只有情緒連結的內容，我還會援引強大的神經科學理論，這些都經過專家學者多年的研究，涵蓋了情緒、人際神經生物學（人際關係如何形塑我們的頭腦，以及頭腦如何形塑我們的關係）和情緒腦。最重要的是，我自己有孩子，我曾經運用本書的知識和方法，成功改變了我和孩子對教養這件事的感受。

為了發揮這本書最大的效用，我建議你慢慢讀，給自己時間消化每一個章節，然後再繼續讀下一個章節。我要跟你分享的內容，可是我花數年時間想通的。當我想得越深，我獲益越多。這本書一直在強調，建立連結是一段持續的過程，牽涉到腦部、身體和心靈，唯有當神經系統處於穩定、放鬆的狀態，人與人之間才有可能建立連結。

由此可見，光是把書看完，並無法實現這種教養方式。你必須學會安撫神經系統，進而調節自己的情緒，例如定期投入呼吸練習。我本身是企業心理師，指導許多高階主管去調節情緒和管控壓力，有些個案本來對呼吸練習半信半疑，但等到他們明白這背後的神經科學理論，也實際體會定時練習的好處，不少人都發現對工作、家庭、睡眠模式和幸福感大有斬獲，尤其是他們跟孩子的關係。

目錄

推薦序：唯有專心連結，才是真正有用的教養 002
推薦序：累積那些與孩子全然同在的微小片刻 006
作者序 009

第1章 教養對孩子人生真正的意義？

連結是教養的核心 025
什麼會妨礙連結？ 026
你有沒有專注於對成長真正重要的事情上？ 031
什麼是情緒智商？為什麼情緒智商很重要？ 032
第一章：重點整理 040

第2章 教養如何形塑孩子的情緒智商？

遺傳基因呢？ 042

經驗對我們確實有影響，甚至影響到細胞 044
腦部會如何影響我們的情緒和行為？ 045
怎樣的教養方式對情緒智商能力有幫助？ 048
我們的腦部會隨著時間改變和發展 050
教養沒有終點 052
第二章：重點整理 056

第3章 為連結做好準備

人與人連結的三大基本元素 059
認識我們的腦——腦部的潛在功能？ 060
腦部的組成和運作方式 061
人類演化出三重腦，各有不同功能 063
右腦和左腦：這是你看世界和參與世界的濾鏡 066
左右腦差異如何改變你對世界的觀感？ 067
左腦和右腦的主要差異？這有什麼意義嗎？ 069
如果少了右腦平衡的智慧，人與人的關係會扭曲 075

第三章：重點整理 082

第4章 左右腦如何影響你跟別人連結的能力

連結會自然產生嗎？ 086
以好奇取代評價的教養模式 090
教養需要彈性和開放的心胸 095
如何以深思平衡的方式建立紀律 096
第四章：重點整理 108

第5章 為連結而教，先認識情緒為何物

你的教養風格受到頭腦的影響 113
何謂情緒 115
情緒處理主要是在右腦完成 121
第五章：重點整理 128

第6章

情緒調節和身心容納之窗

健康的情緒調節需要身體覺知 133
心連心教養，只會發生在身心還有餘裕的時候 134
超出身心容納之窗，變得過度激發或過低激發 136
逃避和補償：無濟於事的策略 143
你的情緒調節能力，對孩子影響很大 144
孩子該如何調節情緒？ 147
如何調節情緒？ 151
如何跟孩子一起有效地調節情緒？ 152
第六章：重點整理 162

第7章

為什麼情緒調節很重要？

依附是我們建立關係的媒介 166
孩子最早的自我意識，來自父母非言語的反饋 172
我們對孩子情緒的反應，會影響孩子的心智模型 174
保持連結，但也要區隔你我 178

第七章：重點整理 183

第8章 依附模式決定了教養模式

你和孩子屬於哪一種依附關係？ 187
羞恥、情緒調節和依附 193
你需要幫忙孩子釐清次要情緒 199
為了達到調節與同理，父母必須先關懷自己 200
第八章：重點整理 204

第9章 頭腦和神經系統會決定我們對孩子的回應

邊緣系統：教養腦的核心 208
神經覺、杏仁核用來察覺威脅或安全 212
防衛策略：戰鬥、逃跑或凍結 215
威脅偵測過程有沒有平衡？ 217
為什麼我們會對孩子發脾氣：邊緣系統挾持 220
威脅系統是要讓我們躲避熊 222
第九章：重點整理 225

第10章 神經系統是情緒調節和心連心教養的基礎

情緒互動相當於生存 229
你知道自己何時激昂或安定嗎？ 231
副交感神經的幕後功臣是迷走神經 234
第十章：重點整理 244

第11章 情緒安全如何影響日常教養模式？

社會互動系統如何促成各種跟教養有關的狀態 248
孩子懂不懂得運用社會互動系統？ 253
四目相交、杏仁核和教養：我們真的有在連結嗎？ 255
每天都要鍛鍊社會互動系統 257
當你慢下來，你和孩子就會產生連結 260
社會互動系統會影響健康和幸福 262
培養慈悲心 265
第十一章：重點整理 268

第12章

驅力衝動、威脅防衛和平靜連結——你以哪一個模式為主？

驅力衝動系統 274
威脅防衛系統 281
造成壓力的錯誤思考習慣 284
平靜連結系統 290
如何自由轉換這三種模式？ 293
第十二章：重點整理 297

第13章

營造對心連心教養有利的環境

為了心連心教養，先滋養你自己吧！ 303
培養孩子的平衡和韌性 308
最後一些想法 316

謝辭 317

雪莉・喬漢

「這本書獻給我美好暖心的孩子，
要不是他們，
我根本無法領會什麼是愛，
我對孩子們感謝不已。」

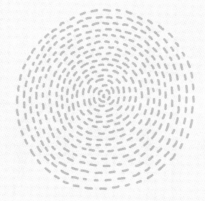

「在對錯之外，
有一片原野，
我會在那裡等你。
當靈魂躺在草坪休息，
頓時感到世界完美得難以言喻。
思想、語言、甚至是『彼此』等詞語，
都了無意義。」

魯米（Rumi）

第1章

教養對孩子人生真正的意義？

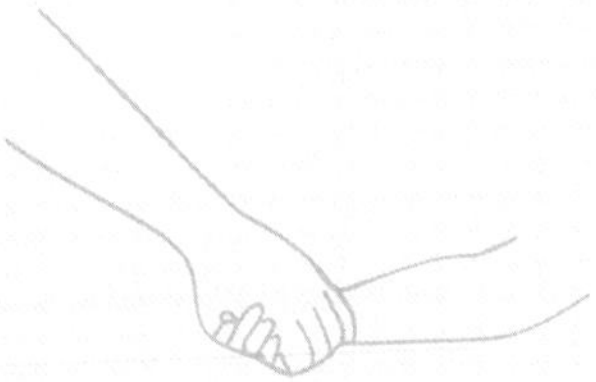

追根究底，教養是在培養並維持一段獨特的關係，讓孩子感到安全、被關愛、被支持和被接納，同時允許孩子形成自我，找到自己在這個世界中的定位。我問家長對孩子的期待，很多人都回答「幸福和成功」，我們都希望孩子過好日子。只不過，每個人對於好日子的定義不同。有的人認為是給孩子機會深造學業，考上好大學，孩子就一定會幸福穩定；有的人不想讓孩子吃苦，把孩子保護得很好，以免身心困頓剝奪孩子的幸福感。有時候，我們會以為孩子需要我們從未實現或體驗過的東西，或者需要避開我們成長所經歷的痛苦。

可是，我們真的知道如何追求圓滿的人生嗎？我們付出這些心力，衷心為孩子好，真的會幫助孩子完成我們的期待嗎？當我們忙著追求自以為對孩子好的目標，會不會迷失在周圍的雜音中，忽略教養對孩子人生真正的意義呢？

如果我說這本書會幫大家找到經過科學驗證，受到神經科學佐證的天然教養妙招，讓孩子變成更有韌性、自信和幸福呢？這個強大的天然教養妙招，還可以舒緩壓力和焦慮，提振免疫系統，預防心理疾病。孩子不會再隨便發脾氣和情緒發作，你還會覺得訝異，孩子竟然想逗你開心，加上沒有臨床副作用，隨時可以使用，毫無劑量限制。你可能覺得好得不可思議，無論要花多少錢，都要把這個物質投入工業大量製造！這個嘛，好消息是你自己就是這個神奇物質的研發實驗室，大家幾乎都可以自行製造。壞消息是有一些前提條件件，但現代生活不太允許。

連結是教養的核心

我開的藥方是「連結」。這是人與人之間非言語的深度親密感，讓你們彼此交心。你和孩子的特定腦部區域必須在「當下」同步，才可能建立這種連結。你必須活化特定的神經系統分支，尤其是迷走神經，這會影響呼吸、心跳、語調、臉部肌肉和眼神接觸。這些強大的化學物質分泌之後，會在全身上下觸發級聯反應❶，讓你放鬆下來並且連結其他人，感到彼此互信和坦誠相見。

這種連結由無數共享情緒的瞬間組成，芭芭拉・佛列德里克森（Barbara Fredrickson）稱之為「積極共鳴的微小瞬間」，透過正向情感的無盡循環，將提升免疫力，改善心血管健康，提高韌性和敞開心胸。當兩個人腦部和身體共享這種情感，可以瓦解「本我」（I）的意識，創造「我們」（We）的共同體，瞬間感覺彼此融合為一。這些連結的瞬

❶級聯反應（cascade）：它指一系列連續事件，並且前面一種事件能激發後面一種事件。

間，絕對不是知道你對孩子有愛而已。父母親還要真正明白，愛的感受對於孩子的腦部、情緒慣性和未來關係的影響很大。

人腦天生就需要這種連結，就像身體需要食物和水。為了發育健康的大腦，有賴人與人的連結。這種緊密的連結不僅攸關身心健康，也會影響孩子的壽命。早期科學研究根據芭芭拉·佛列德里克森的調查，指出這種連結會改善DNA的基因表現，不只安慰你和孩子的情緒，還會從細胞層次滋養並改善孩子的身體。這強烈提醒我們，人與人的關係茲事體大，況且情緒連結跟身體健康密切相關。我們都知道連結很重要，但是建立連結並沒有聽起來那麼簡單，畢竟為了感受這種連結，我們必須先培養特定的身心狀態，這在目前快速變遷發展的時代越來越困難了。這本書會解釋為什麼連結攸關孩子的幸福，為什麼連結正在慢慢消逝，更重要的是，我們該怎麼促進人與人的連結。

什麼會妨礙連結？

現代教養似乎充斥著令人喘不過氣的責任，有時候讓人滿心焦慮。在我們這個年代，教養不再是把孩子拉拔長大，滿足他們的需求而已。教養不只是跟小孩共處的副產品，父母也要懂得從中學習成長。教養就如同其他事情，也要精進技能，值得我們去研究、分析和改進，只不過這些工具和技巧多到令人發昏，甚至互相抵觸。父母不可能讓孩子順其自然長大，而是要影響和控制整個成長過程。但是別忘了，我們聽到的教養建議都有難度，更別說要在疲憊、高壓或情緒高漲的時候實行，導致大家瘋狂擔心自己哪裡做錯了。

為孩子負責，卻缺乏掌控權——如何排解壓力？

我們現在知道了，現代小孩跟父母輩和祖父母輩的成長過程不一樣。這個資訊很發人深思，但也會帶來憂慮和罪惡感。當我們累積越多教養知識，反而會徒增壓力，但弔詭的是，現在父母能掌控的比以前更少了。現在都建議父母要賦權增能，而非威脅恫嚇，可是自古以來師長都是以處罰恫嚇，逼迫小孩循規蹈矩和好好做人。現在父母覺得該為孩子的成長負責任，卻比以前擁有更少掌控權，如果你備感壓力，這裡提供一個方法。

如何在權威和溫情之間求取平衡

不羞辱、不責怪、不威脅的行為管理模式，絕對值得你全心投入，尤其是許多對教養猶豫不決的父母親。我們就是對教養不夠了解，才會對自己的教養方法缺乏信心，老是在寬容和威權之間擺盪。無論擺盪到哪一端，都會有罪惡感和憂慮。父母如何不透過威脅，讓孩子乖乖聽話呢？如果不用處罰的方式，怎麼讓小孩尊重父母呢？當父母太過溫柔，孩子會不會成了脫韁野馬？但反過來看，父母逼得太緊，小孩可能會焦慮或憂鬱，畢竟大家常常在說，心理疾病正在孩童和青少年之間蔓延，更糟糕的是，父母太嚴厲，孩子就會不太愛父母。大家可想而知，把小孩逼太緊，絕對會破壞教養不可或缺的連結。

教養和權威之間不好拿捏，但真正良好的教養必須有高度溫情（連結）和高度權威（高期待，但是不威脅、不責怪、不羞辱）。我稍後再來詳述，為什麼要有連結和溫情作為基礎，紀律和界線才可能實現。唯有親子之間建立穩固的連結，父母施展權威時，才不會妨礙長期教養目標，例如：培養內在韌性、樂觀、自我接納。

現在的父母越來越焦慮和擔憂嗎？

什麼會妨礙父母和子女連結呢？現代人有一個更大的阻礙——如果父母給孩子太多選擇，會擔心孩子錯失機會；對孩子過度掌控，又擔心孩子鬱鬱寡歡。這些焦慮會造就更多直升機父母，或者其他過度保護式教養（父母什麼都想參與），看來教養背後有太多的罪惡感和恐懼，包括怕自己會做錯，怕孩子情緒不適，怕錯失機會，怕自己成為罪魁禍首。

很多父母陷於「自我」拉鋸戰：不知不覺中，教養成了壓力，不自覺把不安和情緒加諸於孩子身上，這通常會傷害孩子的自我意識。有些人在意社會認可，想像有一群觀眾正在為他孩子的行為和特質打分數，所以教養是為了避免在別人面前丟臉、難堪或失分。到頭來，我們會忘記孩子不是我們的延伸，也不是我們吹噓或維持心安和自尊的工具。孩子不應該在眾目睽睽之下遭受評斷，說是在降低父母的社會地位或正面觀感。每一個孩子都獨一無二，父母應該跟孩子建立深度連結，而非把孩子視為打分數的對象。

透過別人的眼睛來評價孩子

現在大眾心理學風行，整個文化都鼓勵大家自我改造，但卻是透過短視的行為管理，導致教養只是在控制「片刻」的行為：例如發脾氣和情緒爆發。父母完全無法忍受行為所帶來的情緒，也不想面對別人的觀感。大家似乎都忘了，雖然父母有方法可以調控孩子的行為，但孩子不一定會永遠循規蹈矩。此外，父母忍不住拿自己的孩子跟同儕比，不管是現實生活中或網路上的同儕團體。

既然父母都不可能隨時保持平衡和慈悲，為什麼孩子稍有越軌行為，就要遭受審視和評價呢？這種審視並不慈悲，也不健康，反而會讓腦袋失控，越來越僵化、焦慮和憂鬱，怪不得孩子濫用社群媒體平台，有可能會傷害心理健康，因為社群媒體太強調認可和社會評價。無論孩子當下有什麼行為，並不表示他十五年後就會變這樣。我們要把眼光拉長一點，給孩子機會發展自我，而非老是提心吊膽，擔心自己達不到不切實際的標準。我的意思並非忽略短期目標，或者不管一般同年齡孩子的行為準則。我只是認為，如果忽略教養更重要的面向，反而在傷害我們自己和孩子的情緒健康。

我們把教養想得太複雜，見樹不見林

當我們知道父母對孩子影響很深，自然會開始思考教養這件事。我們獲得的教養新知，有可能是祝福，為教養帶來開悟，但也可能導致父母的焦慮和困惑排山倒海而來。現代教養就像一千片大拼圖，父母必須想辦法拼湊，只可惜沒有外盒、說明書和圖片可以參考，根本不知道會拼出什麼東西來。我們努力推敲和嘗試，還是搞不清楚自己的目標。有哪些該做，有哪些不該做，實在有太多的建議、意見和教條了！

我們把教養想得太複雜。太重視結果，卻輕視過程。太強調情緒結果、行為結果或成就，可能會有反效果，甚至引發焦慮。無論你為孩子製造多少機會，都無法保證孩子下半生開心、無憂無慮、功成名就。無論你在孩子小時候做了哪些安排，都無法控制他們長大遇到的變數。你當然可以化不可能為可能，盡力保護他、督促他、呵護他或鼓勵他。儘管如此，孩子仍會有不開心、被拒絕、灰心和失敗的經歷。如果你可以接納這些經歷伴隨而來的痛苦情緒，把這些當成品格培養和韌性鍛煉的必經之路，你和孩子就不會害怕了。

我們不用幫孩子逃避情緒困擾

情緒困擾沒什麼好怕的，除非你和孩子缺乏情緒調節能力，不知道該怎麼覺察情緒並且冷靜下來。父母總覺得自己有責任保護孩子，避免負面情緒，但真的沒必要幫孩子逃避痛苦的經驗。說到孩子長期發展的關鍵，首先是協助孩子調節痛苦經驗伴隨而來的情緒反應，再來是幫助孩子理解這些經驗的意義。這才是培養韌性的關鍵所在。

一方面，我們要鼓勵孩子包容痛苦的情緒；另一方面，我們也要培養孩子的正面情緒力，例如喜悅、好奇、滿足、感恩、愛等。這些正面情緒有別於興奮和尋歡作樂，反之要讓自己的步調慢下來，用心品味每一分日常經驗，而非老是在歡慶，雖然有時候歡慶也是必要的。

你有沒有專注於對成長真正重要的事情上？

我們換個教養方式吧！多注重教養的過程，少在意教養的結果，別一直為孩子製造成功快樂的機會，以及排除阻礙和痛苦的來源。何不讓孩子培養能調節情緒的心理特質，這樣哪怕人生有什麼遭遇，孩子都可以安然度過。這種教養方式很不一樣，無須排滿課後活動，只因為期待孩子在往後的人生高人一等，或者怕孩子怪你不給他發展興趣和培養技能的機會，又或者抗拒不了孩子的要求。

這種教養法注重美滿人生必備的價值觀和能力。我一直強調要培養對孩子人生有莫大影響的心理素質，例如韌性、情緒調節、堅持、專注和自我覺察，雖然這些素質不保證人生成功，但絕對會提高成功機會，並且確保孩子在追求成功的同時，維持心理和情緒的健康無虞，其中一些素質便是**情緒智商**（EQ）。

什麼是情緒智商？為什麼情緒智商很重要？

1990年代丹尼爾・戈爾曼（Daniel Goleman）推廣情緒智商（EQ）的概念，從此以後，有更多研究發現EQ的潛在好處。EQ是能夠依照當下的情況，適度的覺察、理解和管控自己和他人的情緒反應。EQ高低會在孩子往後的人生，影響他如何去回應挑戰、難題和人際關係。以職場來說，我們都知道IQ攸關許多專業和工作的成敗，但其實只有一部分的影響力。一旦IQ有達到標準，通常仍要靠EQ勝任領導職務和重責大任。在現今的世界，EQ迅速成為重要的差異化能力和寶貴資產，畢竟大家必須跟世界各地的同事溝通合作，共同商議越來越複雜的課題。

現在有明顯的證據顯示，孩子調節情緒和自我控制的能力（兩者皆為 EQ）決定往後人生的幸福。我舉個例子，有一份為期三十年的大規模研究，調查一千多位孩子，結果發現自我控制力（亦即控制衝動的能力）、延遲享樂和專注達成目標，可以為往後的人生帶來財富和社會地位，比個人的 IQ 或父母的社會地位和財富更重要。你聽了可能很驚訝，尤其是 EQ 對財富的影響。千萬別以為 EQ可有可無，EQ 對孩子的人生可是有具體的幫助。如果你在乎廣義的人生勝利，絕對不要低估這些能力的重要性，這些都是幸福和成就的基礎。

EQ 主要包括**自我覺察**（self-awareness）、**自我調節**（self-regulation）和**同理心**（empathy），這些素質對教養的影響都很大。當孩子缺乏這些素質，活在現代社會就形同蒙眼參加障礙賽，別奢望他會贏。我不是說每個人都要有高 EQ，有很多聰明人 EQ 不高，仍做了偉大的事情。然而，讓孩子學會掌控自己的情緒，同時有能力理解別人的情緒，這對於人與人互動幾乎都是加分。

自我覺察——EQ 的基本元素

我們來聊一聊自我覺察吧！基本上，自我覺察是能夠即時覺知和觀察自己的想法、情緒和行為，讓你跟自己保持一點點距離，彷彿你正在觀賞自己主演的電影。自我覺察的能力很重要，唯有知道自己的感受和作為，才能自由做選擇或掌控自我。小孩有很長一段時間缺乏自我覺察，甚至有些人成年了也沒有足夠的自我覺察力，像我就遇過很多組織領導人不知道如何跟別人互動，一直跟同輩或下屬處不來。一個不懂得自我覺察的人，無法辨識或感受自己的情緒，當然不知道自己的情緒或行為對別人的影響。他們不是故意的，也不是不夠努力，但就是辦不到，好比你沒讀過哲學，突然要你回答笛卡兒的問題，你怎樣也答不出來。

我們來思考一下，自我覺察力對於孩子在家的表現有什麼影響呢？如果你希望孩子吃東西不說話，前提是孩子必須意識到自己有這種行為，然後自我克制，這對於腦部尚未發育完全，仍未有自我覺察力的孩子來說，實在很困難。小孩缺乏自我覺察能力，根本無法即時觀察自己的行為。

我們經常期待孩子去控制強烈的情緒，例如失望或沮喪，但這需要更強大的**自我主宰力**（self-mastery），不僅要自我覺察，還要懂得控制衝動和調節情緒，就連大人也不是永遠做得到，大家想必都曾經亂發脾氣，然後後悔莫及。小孩的腦部發展不成熟，在某些年紀確實難以控制脾氣，但是只要教養方法對了，仍有機會加強控制力，減少發脾氣的機率。

小孩子容易欠缺同理心

同理心也是 EQ 的重要環節之一，受到特定腦部區域和迴路的影響，每個人的發展情況不一。換位思考對孩子來說並不容易，尤其是年紀小的時候，如果心裡有負面情緒就更難了，大人也是如此。此外，當我們感受到威脅、不開心或分心，也難以展現同理心，因為腦內的同理心迴路會暫時受到壓制，我待會再解釋原因。小孩子經常大發雷霆，說出傷人的話，不只是因為缺乏同理心，也因為自我控制能力不佳。自我控制力是一種心理資源，幫助我們控制無益的衝動，只可惜我們腦力有限，一般仰賴葡萄糖供給能量，而每次使用腦力就消耗大量葡萄糖。

換句話說，孩子上學一整天，已經靠自我控制力來克制自我的需求和衝動，放學回到家就沒有什麼心力了，怪不得小孩子會在傍晚失控（孩子情緒不穩定和抓狂，導致父母好想灌醉自己）。如果小孩子又餓又累，情況更失控，因為心情和壓力都會影響情緒以及自我調節情緒的能力。同理可證，如果你在辦公室或在家裡忙一天，記東記西燒腦，對每個人畢恭畢敬，做一堆決策，處理無數問題，等到夜幕低垂，你可能就累癱了，這時候小孩子一點點挑釁，都會讓你大動肝火，所以家長和孩子才需要良好的情緒調節力。

大家本來就知道，父母的言行和態度攸關子女的人格和情緒模式。教養對子女的影響勝過一切，無論你給予孩子多豐厚的物質，教他們成為人生勝利組，或者為他們創造各種機會，都比不上成功的教養！科學證據顯示，父母和子女的連結，以及父母如何理解和關懷子女的內在心智和情緒，確實會影響子女腦部的神經迴路發育，因此，我希望大家重視這些情緒素質，這些素質對教養有什麼好處呢？值得你好好思考一下。

反思

你對子女的期待是什麼？

花幾分鐘想一想，你最希望子女擁有什麼？

下列何者最深得你心呢？

- 幸福
- 安於自我（接納自己原本的樣子）
- 韌性／情緒健康
- 身體健康
- 成功—你如何衡量成功？
- 受歡迎或討人喜歡

- 財富
- 權力
- 真實
- 滿足
- 卓越——在某些領域勝過他人或表現出色
- 有人愛，能夠跟別人維持親密關係。

現在想一想，為什麼你覺得重要，有多少成分是反映你孩子獨特的人格和興趣？有多少是在反映你尚未滿足的需求、不安或憂慮呢？你為孩子設定的目標有沒有互相抵觸？比方，成功和高深造詣不一定會令人幸福，也不一定會有美滿的關係或知足。

你希望孩子接受的價值觀？

價值觀是每個人隱藏的信仰和理想，這會驅動和引導我們的行為，「在檯面下」影響你所在意的言行。每個人都有獨特的價值標準，可能來自你自己、家庭或文化。花時間思考一下，你想在孩子身上培養什麼價值呢？下面有一些例子：

- 真實、誠實、公平和正義

- 為自己負責、主動性
- 努力、忍受痛苦、耐力和紀律
- 正直
- 善良、大方
- 包容、同情別人、利他、寬容
- 成就
- 權力、地位
- 掌控、個人報復、自我利益
- 謙遜
- 真摯、真實、透明
- 從眾、自我約束、虛心
- 尊重傳統、文化和宗教
- 有關懷心和愛心

你覺得哪些價值最重要呢?子女會從你每天的言行潛移默化,也會去觀察你在強調和褒揚什麼行為,觀察你怎麼解釋你期待的行為和規矩。現在回頭想一想,你平常怎麼跟孩子展現這些價值呢?這些價值如何引導你的決策呢?你真的有做到你期待的價值嗎?比方，你希望孩子說好話，卻老是對另一半厲聲斥責，孩子都會看在眼裡，搞不好會開始藐視你強調的價值。

同樣地，你的決策也會潛移默化孩子的價值標準。假設孩子抱怨放學還要做家事，如果你為了安撫他，就直接幫他做完，他可能不懂得尊重無私、努力和忍受痛苦等價值，但如果你在他疲累的時候，絲毫沒有同理心，堅決要他做家事，他也學不會善良、同情和包容等價值。因此，唯有你展現同理心，看見他的疲憊，坐下來關懷他，傾聽他抱怨，並且用溫柔的語氣，要求他至少完成部分家事，他就會知道什麼是善良、忍受痛苦和利他。

如果希望孩子內化某些價值，與其批評他們沒做到，還不如強調他們或別人有做到的時候。回頭想一想，你會跟小朋友提起身邊的人或名人的好榜樣嗎？舉例來說，如果你在乎善良的價值，你會不會公開談論別人做善事呢？無論是我們說的話，或是我們不說的話，都會影響孩子的世界觀，包括他們習以為常、欣賞、崇拜和珍惜的事物。

第一章

重點整理

父母都希望子女的人生成功幸福，但是把焦點放在短期的結果和行為上，通常會忘了去培養孩子的價值觀和心理素質，但這些會決定孩子往後人生的韌性和幸福。

親子之間建立心連心的教養，正是良好教養的基礎，讓情緒、心智和身體保持健康，進而支持我們和滋養我們。

我們現代生活的條件經常在阻礙親子連結。

情緒智商，尤其是自我控制的能力，攸關往後人生的幸福，但孩子的腦部發展緩慢，其中主掌決策、衝動控制、情緒調節和複雜道德推論的腦部區域，要等到25歲才會發育完全。

心連心教養會影響孩子正在發育的頭腦，提升他們發展內在資源的機會，讓他們更能夠去追求幸福，培養韌性和情緒智商。

第2章

教養如何形塑孩子的情緒智商？

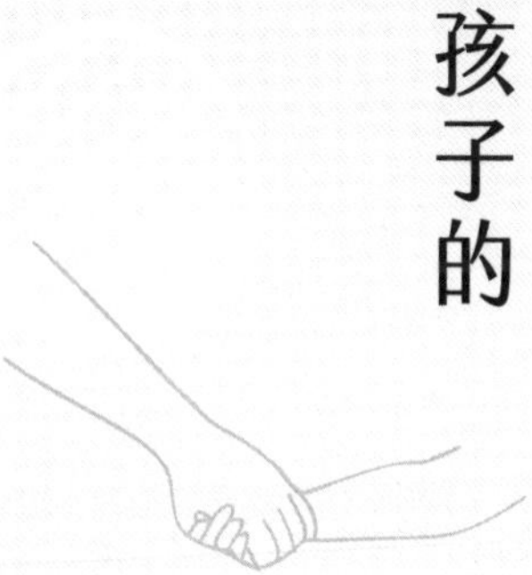

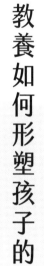

一段優質的親子關係，尤其是具體「感受到」深層連結，絕對對腦部神經整合有根本的影響。神經整合是在連結腦部和身心各個部分。心理學有一個新研究領域，稱為人際神經生物學（Interpersonal Neurobiology），提倡在腦部廣大複雜的神經網路建立鏈路，有助於培養情緒智商的重要素質，包括自我覺察和自我調節。有趣的是，神經迴路的形塑取決於關係。一些專家認為，人與人的關係攸關心智的發展。

遺傳基因呢？

等一下，這樣父母的壓力不就超級大？DNA 難道沒有影響嗎？這真的不會受到身體天生的遺傳基因影響嗎？當然會！天生的遺傳物質會決定孩子的個性和脾氣。孩子與生俱來的脾氣，對情緒調節的影響很大，也會決定他是樂觀還是悲觀的人，但基因就像用開關控制的燈泡，這燈泡會不會亮，端視孩子身處的身心環境而定。雖然有些特質跟 DNA 息息相關，出生後就不會有太大改變，例如眼睛的顏色，但有些基因會改變，會隨著我們的經歷而調整和關閉，科學家稱為表觀遺傳學（Epigenetics）。人類的基因，絕非一成不變的生物命運。

有些特質比較容易改變

個性和人格的發展程度，主要受制於遺傳基因和 DNA，但也會受到經驗的影響。有些個性和人格的基因組有限，所以操作的空間也有限，反觀有些個性和人格倒有很多環境和教養的成分。既然有的人格是與生俱來的，可見遺傳差異會導致個性差異。一部分人格的天生成分比較多，但其他比較複雜的人格，通常受制於多組基因，遺傳的成分就比較低。我舉一個簡單的例子，有研究發現眾所皆知的五大性格特質：外向性、親和性、情緒不穩定性、開放性和盡責性，有百分之四十到六十的變異來自遺傳基因。

大家注意了，這些研究並沒有把話說死。遺傳的成分比較低，並不表示可以改變，反之亦然。有遺傳的成分，僅看出基因對個性差異的影響有多大，卻看不出背後的機制。有關情緒智商的個性、行為和病症（例如自閉症類群障礙），也會受制於腦部結構、荷爾蒙、神經傳導物質等因素，這些因素不一定是我們控制得了。父母親千萬要記得這一點，因為現在大眾心理學氾濫成災，主張我們可以成為任何想成為的人，父母不禁會去克制自己和孩子，被迫負責孩子的作為和不作為，久而久之，親子關係會開始貧乏，營養不良。

大家別忘了，孩子會受到先天和後天的影響，但我們無法確定怎麼做必定有什麼影響。然而，研究證據顯示，父母確實會影響孩子，尤其是情緒調節、韌性、人際互動的層面，本書後續會有更多討論。

經驗對我們確實有影響，甚至影響到細胞

經驗對我們有什麼影響呢？父母對孩子有什麼影響呢？父母對孩子的態度，不僅會透過記憶、學習和行為模仿來發揮影響力。孩子的人生經驗，無論是大是小，無論是關於情緒、心智或身體，都會促使身體分泌化學物質，進而流經腦部和全身，傳輸訊號給所有細胞，讓細胞知道該如何改變和調適。這就是經驗決定的腦部發展，可能會影響孩子一輩子。同理可證，如果孩子有些化學物質分泌不足，例如：跟喜悅、愉悅、獎勵有關的多巴胺、血清素和去甲基腎上腺素（noradrenaline），長大會難以體驗這些情緒，於是罹患憂鬱症的風險會提高，長期下來會改變孩子的腦部和身體，這也就是為什麼經驗（包括關係）會從根本形塑和改變孩子的生物特質。

孩子幼年的情緒經驗，也會影響他所儲備的能量。這攸關幼年關鍵發展期，腦部各部位的生長和復原情況，比方小孩經常壓力大，就要把一部分能量用來處理壓力，也就無法專心建構和連結有關情緒智商的腦部區域。

此外，親子關係也會形塑孩子的**依附模式**（attachment style），亦即如何跟別人建立連結，以及如何調節自己的情緒。父母本身的依附模式，也會決定父母如何去理解孩子的情緒需求，以及父母如何去協助孩子管理情緒。正是你和孩子之間的**同調程度**（attunement），影響孩子情緒腦的發育情況（不只受到基因的影響）。本章稍後會介紹各種依附模式，現在先來看經驗如何透過生物層次影響腦部。

腦部會如何影響我們的情緒和行為？

為了釐清教養對孩子發育的影響，絕對要先觀察腦部層次，探討後天對先天的影響。畢竟我們的能耐，主要取決於腦部的生物過程，以及腦部跟身體的連結。一般而言，腦部會決定個人展現情緒特質和個性的能力，例如：各腦部區域的大小、腦部活動及其類型，還有這些腦部區域之間的連結好不好。

我之前提過，荷爾蒙和神經傳導物質等化學物質，也會形塑和影響我們。每個人腦內都有數量不一的化學物質受體，幼年經驗會影響這些受體的發育。我們對於特定情境的感受和回應，都會受到化學物質的影響，例如多巴胺或催產素，而受體的多寡會決定我們體內有多少化學物質，以及我們對情境的反應。一旦孩子在幼年遭受肉體或情緒的剝奪，甚至更慘烈的嚴重創傷，其主掌情緒調節的腦部區域便無法正常發育，往後對於促進健康調適策略的神經傳導物質和荷爾蒙便缺乏反應，自然不會向別人尋求安慰，或者感受跟別人同在的撫慰。舉例來說，如果孕婦體內的皮質醇（壓力荷爾蒙）很高，生出來的寶寶就會有比較敏感的壓力反應系統，在未來人生遇到壓力就容易有負面回應。同理可證，如果孩子夠幸運，爸媽剛好懂得自我覺察，情緒也很平衡，對於管控自己和孩子的情緒有一套，這樣的孩子就更有機會發育有關 EQ 的腦部區域。

狀態和人格特質是兩回事：別急著貼標籤和評價

我簡述各個腦區以及這些腦區連結對我們的影響之前，我想先提醒大家，行為也會受到長短期因素左右。換句話說，短期講的是狀態；長期說的是人格特質。狀態會影響當下的情緒和反應，也可能受到飢餓、睡眠不足、荷爾蒙波動、衝動等短期變因影響。另一方面，以人格特質為基礎的行為，長期較為穩定和持久，跟我們與生俱來的人格和個性有關。如果孩子的行為只是暫時的，千萬別隨便評價或貼標籤。

每個人都獨一無二，腦部結構、腦區連結和化學組成都不同

每個人腦部的結構都不一樣，所以獨一無二。我來簡述一下腦部差異：

腦區——人腦分成很多區，每一個都有主掌的人格特質、能力和生物過程。簡單來說，各個腦區都有其職責和行事風格，大小因人而異，所以每個人的人格特質、能力和生物過程不同，比方一些腦區會互相合作，負責決策、同理心、衝動控制等。這些腦區的發育情況會受到遺傳和環境影響，包括幼年的人際關係和情緒經驗。

神經連結——腦區之間的連結數量和連結密度，以及這些腦區之間的關係，都會影響我們的情緒和行為。腦區彼此的連結，以及腦部和全身的整合與連結情況，都會左右我們的感受、行為和思考。當然，這些連結的產生和發育時間長短，也會受到遺傳基因的影響，經驗也有影響。大家現在都知道了，無論是幼年創傷，反覆失控的壓力，或者跟主要照顧者之間經常情緒不同調，都可能妨礙腦區產生重要的神經連結。別忘了，腦區的神經活動不可以太多，也不可以太少，否則會不利人格特質、能力和生物過程的發展。

如果孩子的腦區發育不良，硬要他們展現特定人格特質，就彷彿要他們開口說沒說過的外國語。孩子長大成人，顧名思義，意指腦部主掌理性決策、同理心、衝動控制、注意力的部位，經過長時間發育完成，但成長過程中有太多變數！如果有些腦區的連結不足，

就很難展現同理心等特質，畢竟這需要腦部和全身的串連，再來自我調節能力也不夠，畢竟這有賴高低層次的腦區互相連結。如果孩子有不禮貌的行為，你就馬上開罵，這樣可能不太公道，因為孩子腦部各個區域的連結不足，當然不可能把同理心或衝動控制發揮到極致，但父母也不可能放任孩子無法無天，只不過孩子還無法好好控制自己，大罵並沒有什麼意義。

怎樣的教養方式對情緒智商能力有幫助？

父母或照顧者在孩子幼年的情緒反應，攸關孩子情緒特質的均衡發展。我說的不是小孩哭了就餵奶或換尿布，雖然照顧嬰兒的生理需求是必要的，但我想說的是你能不能接住孩子的情緒訊號，你的回應能不能滿足小孩的需求。

小孩的腦部連結尚未發育完全，並無法自行管控情緒和反應，可能要等到年紀大一點，才能夠**關閉**情緒和不舒服的感受。既然小孩無法刻意靜下心，又會感受到焦慮、壓力、悲傷、憤怒和興奮等，你可以想見小孩的情緒有多麼強烈，怪不得孩子痛苦或情緒崩潰的時候，需要借助照顧者的情緒調節能力，才得以調節情緒和平靜下來。打從小孩呱呱墜地開始，心跳、壓力荷爾蒙和其他生物標記都會跟照顧者同步，即使小孩大一點了，腦部仍未發育完全，依然需要大人充滿關愛、穩定而善解人意的腦，作為他們的「代理」，從中學習健康的處理和理解人生經驗。

所謂的情緒**共同調節**（co-regulation），其實出自本能的非言語過程。父母會善用自身的情緒覺察和調節能力，跟小孩同步調節情緒反應，畢竟小孩子幾乎沒有這種能力。這會在親子之間產生深層的信任感和情緒安全感，對於培養韌性和往後人際關係至關重要。一旦父母接不住孩子的情緒，無法做出適當的回應，小孩有關情緒智商的神經結構便會發育不良。

為了讓共同調節自然發生，你必須貼近孩子的感受，而非只想著自己的念頭、感覺、需求和不安。當你跟孩子同調了，連結了，你跟孩子的眼神接觸會溫暖你的心。這時候你聽到孩子說話，你不只聽到話語，還會感受到小孩試圖傳遞的意思，帶著同情心和接納的心去傾聽，不評價也不擔憂。這源自平靜、滿足、連結和開放的情緒系統，而非防衛、憤怒、憂慮、沮喪、無力、羞恥或罪惡的情緒系統，但大家剛開始當爸媽的時候，難免產生後者的情緒居多。此外，這也不是靠想的、靠說的、靠做的，反之要跟孩子一起活在當下，也就是「同步」。當頭腦能夠健全運作，便不覺得環境在跟你作對，一切水到渠成，完全不需要刻意或控制。

親子之間的連結和共振，發展專家稱為**同調**（attunement），這是孩子情緒智商的基礎，包括韌性和自我調節的能力。同調會促進相關腦區的發育，還會促進神經整合和腦區連結，讓孩子建立健康的自我意識。這正是心智和情緒健康的基石，唯有奠定穩固的基礎，其他層次的教養才得已鋪陳，例如紀律和權威。我這麼說不是要增添大家的壓力，而是要強調父母可以正向改變孩子的腦袋（不要擔心搞砸！）。

雖然孩子的腦部還在發育，但父母可以充當孩子的**代理腦**，透過親子相處的經驗來影響孩子的腦部發育，培養孩子的韌性和情緒調節力。當你做到了，你會從開放和接納的觀點出發，不再為了滿足或安撫自己，而期待或要求孩子成為你想要的樣子。

我們的腦部會隨著時間改變和發展

我們現在明白了，對情緒調節有益的腦部基礎結構，可以趁幼年腦部還在發育的時候主動介入形塑。孩子的頭腦在一至三歲快速發育，包括跟人格特質和能力有關的腦區，以及各個腦區之間的深度連結。這段雕塑的過程不只有成長，還會把沒用的神經元毫不留情的修剪乾淨。此外，孩子在成長和修剪的週期來來回回，加上受到父母頭腦和自身經驗的雙重影響，孩子的腦部結構會逐漸定型，進而滿足他特殊的情緒環境需求。

有些腦區需要長時間慢慢發育，所以受到更為長期的影響。前額葉皮質（prefrontal cortex，PFC）負責調節情緒、控制衝動、進行理性思考和做明智選擇，小時候仍發育不全，必須等到25歲才會成熟。別忘了，當我們期待孩子在幼年展現特定的行為，我們必須去質疑這個期待合不合理。如果我們不管孩子有多累有多餓，不管孩子情緒有多麼失控，一味要求他們持續展現某種情緒特質，這樣可能不夠寬容，還可能有失公允。

如果孩子錯失幼年的情緒發展期，父母也不要灰心。雖然幼年的腦部成長發育速度最快，但只要有持續學習和反覆練習，人腦終其一生都會改變。人腦就像麵團一樣，可以自由形塑，因應新經驗而改變，稱為**神經可塑性**（Neuroplasticity）。原來，孩子不是在小時候就定型了，大家總算可以更樂觀務實以待了。只要腦部沒有受傷，也沒有任何神經／心理問題，人腦一輩子都可以改變，甚至劇烈改變，雖然到了老年改變速度會放緩。不過，即便人腦有可能改變，仍必須接納和尊重彼此原本的樣子，每個人都有獨特的個性，孩子當然只能在遺傳基因的限度內做改變。

教養沒有終點

我們先來發誓，承諾在教養的路上，絕對會把目光放長遠。陪伴孩子成長是長期抗戰，這是沒有終點線的比賽，你不用在固定的時間內，把孩子形塑成特定的樣貌。你是孩子成長路上永遠的夥伴。如果你想成為我口中，那種幫助孩子腦部發育的父母，絕對要做出一些改變。我為什麼會這麼清楚呢？因為我是過來人，我親身試驗過，確實改變我的家庭生活以及我跟孩子的關係。然而，教養必須從父母自己做起，所以我希望，你先去認識和改變自己。

接下來幾個章節，我會介紹驚奇有趣的腦部科學知識，說明為什麼現代生活會妨礙我們去感受親子連結。我還會教大家務實的解決辦法，試著去訓練自己的心智和神經系統，創造無數情感共振的瞬間。當你懂得連結掌管教養的腦區和身體，你會開始依賴直覺來教小孩，小孩也會喜歡跟你在一起，甚至想要討你歡心，真心把你說的話聽進去，而不是唯恐失去你的愛，或者擔心受懲罰。教養變成互惠的過程，久而久之，你跟孩子相處的時間，不再有付出卻得不到回報的感受，反之你會從中獲得滋養，由衷感到值得和喜悅。當然不是每一刻都如此美好，你情緒爆發的時候，仍會失望、沮喪和懷抱罪惡感，但你會經常由衷享受跟孩子同在。

當你學會營造某種內在狀態（牽涉到神經系統、腦部和心智），再去落實教養專家所建議的工具技術，才會在你身上開花結果。你甚至不用管束孩子的行為，因為你早已「讀懂」孩子的心，直覺會告訴你孩子需要什麼。

這是我們人類與生俱來的能力，只可惜現代生活妨礙我們去感受連結。一旦失去連結，教養便難如登天，甚至會成為壓力源。當你學會調節自己和自己的情緒，教養似乎就像大晴天平靜清澈的小河，平順的流淌，即使強風吹拂，不時激起漣漪，偶爾刮起暴風雨，但是不出幾小時或幾天就風平浪靜了，前提是你必須「促成」心連心的教養模式。一切就從你的頭腦開始。

促進情感同調的小練習

父母必須保持穩定，才能夠用心感受孩子的情緒，這是一種覺察當下狀態的能力。我們花幾分鐘連結自己，確認自己有多麼活在當下。這些正念呼吸練習的聲音檔，儲存在我位於 Soundcloud 平台的帳號（前往 soundcloud.com 網站，搜尋 ShellyChauhan）❷。如果你下載呼吸引導聲音檔，做這裡的練習會更上手。

❷中文版的正念呼吸練習聲音檔請見第三二〇頁的線上回函說明。

正念練習01 學習覺察和感受，放下思考和評斷（五分鐘）

這個是正念練習，試著把注意力放在當下，可以培養我們的自我覺察力，不帶評斷的心，完全接納生命中發生的一切，自然而然把步調慢下來，體驗你遭遇的一切，不再迷失在念頭裡。有時候只要去「感受」，接納自己的原貌，不用再「多做些什麼」。

❶ 先找個舒適的地方坐下來，讓自己心無旁騖安靜幾分鐘，雙腿和雙手舒服的垂放，不要交叉，背部保持挺直，定時五分鐘。

❷ 閉上雙眼，找到舒服的狀態，開始覺察身體在吸氣和呼氣，覺察自己是一個活生生、會呼吸、有感受的人，別再管自己的念頭和意念。

❸ 每一次呼吸從一數到二十，你會更容易專注於呼吸。再不然還有一個方法，在吸氣的時候說「吸氣」，在呼氣的時候說「呼氣」。

❹ 呼氣的時候，試著拉長你呼氣的時間。

❺ 現在全神貫注於呼吸上。人心很容易飄來飄去，如果你想阻止自己的心飄移，絕對是緣木求魚。最好的作法是覺察自己的心飄走了，然後用溫柔的態度，把注意力重新拉回呼吸上。

❻ 你從頭到尾做這個練習時，試著連結和覺察體內的感受。無論如何，不要陷入完美主義，反正我們的目標只是單純放鬆，並且覺察身體的感受，不評價，不分對錯。

❼ 你學到下一個呼吸練習之前，盡量每天持續做這個練習。

重點整理

我們跟孩子的互動和連結情況，會影響孩子腦部發育期的神經整合。如果孩子在各腦區之間以及頭腦和身體之間，建立平衡而協調的鏈結，比較容易展現情緒智商的相關特質，例如自我覺察和自我調節。

基因和 DNA 會形塑我們，但基因並非一成不變。有些基因終其一生都不會改變，而有些基因會隨著經驗而開啟或關閉。父母的行為也會影響孩子的頭腦。孩子的經驗會促使身體分泌化學物質，長期改變腦部和身體的細胞活動生長模式。

頭腦分成好幾個區域，分別主掌不同的人格特質和能力。各腦區的大小不一，神經連結的密度也不同，也有各自接收化學物質的受體，這一切都會影響我們的個性、情緒模式和行為。二十五歲以前，腦部都還在活躍生長，一生都有修改的可能。由此可見，當父母有所改變，採用新的教養方式，便會引導孩子展現父母所期待的結果和價值。孩子需要父母在身邊，協助他們覺察情緒並調節情緒，除非等到小孩有自我調節力，否則都要靠父母擔任「代理腦」。為了覺察小孩發出的訊號，我們必須透過非言語的方式感同身受。

神經結構大多是在幼年確立的，但人腦會隨著時間成長和改變，稱為神經可塑性。小孩到二十五歲以前，腦部都還在活躍生長，一生都有修改的可能。由此可見，當父母有所改變，採用新的教養方式，便會引導孩子展現父母所期待的結果和價值。

第3章

為連結做好準備

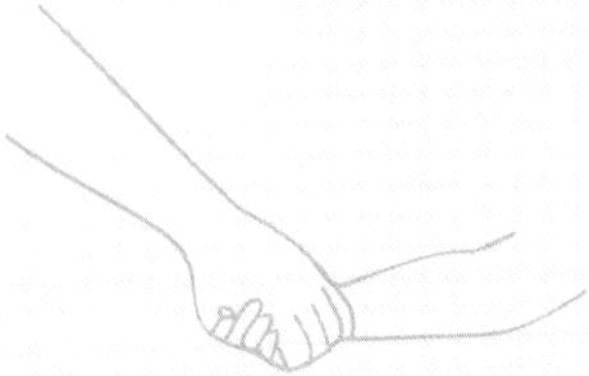

如果想為孩子累積幸福和韌性的心理資源，連結絕對是教養的基礎。無論這聽起來有多麼美好，父母都不可能永遠對孩子保持連結和慈悲心。教養過程中可能有排山倒海的情緒，很多是我們從未經歷過的。我還記得我剛生第一個孩子的時候，完全沒想到教養會如此艱難。我明明是個性平靜的人，怎會如此沮喪和憂慮，甚至憤怒呢？有時候我做錯了，太往自己心裡去，頓時忘了換位思考，於是在網路上瘋狂搜尋教養建議，但不管怎麼搜尋都很困惑。

教養會帶來焦慮、沮喪、憤怒、失望、防衛心、尷尬和被拒絕的感受，這些情緒絕非我們所期待的親子體驗。如果我們跟孩子經常有這些感受，親子之間的「關愛」和「獎勵」迴路會關閉，親子相處便不會快樂和滿足；反之，我們會因為無力控制或享受教養經驗，而備感憤恨或壓力。孩子都感受得到，可能是有意識的，也可能是不經意的，於是孩子會有情緒反應，進而改變後續的行為，比方有受傷和被拒絕的感受，這時候就要看他們調節情緒的能力，可能會發脾氣和唱反調，也有可能沈默或態度冷淡。一旦演變至此，親子就容易陷在互相怨懟和不滿的負面循環。

當你感受彼此的連結，你跟對方相處的時候，容易有同理心、知足和喜悅的感受，不知不覺會避開很多考驗。我深信，等到你明白大腦運作方式，以及這對人與人關係的影響，就不太容易跟情緒失去連結。

這一章介紹人與人連結的三大元素，順便解說背後的腦科學理論，大家絕對會讀得津津有味。我們會探討人腦的結構，人腦的功能，人腦如何層層發展，各腦區對教養有什麼幫助。

我也會介紹左腦和右腦，左右腦各有不同的關注焦點，一個會加深人與人之間的連結、同理和接納；另一個會幫助我們實現、奮鬥、貼標籤和評價，過猶不及都可能阻礙連結和同理，導致自我本位。第三章和第四章會探討左腦或右腦所主導的教養模式，兩者分別會帶來何種親子關係。真正的親子連結必須維持左右腦平衡，同時有某一邊居於主導位置。

人與人連結的三大基本元素

這三個元素對教養的影響很大，不僅決定你對教養的態度，你對親子關係的理解，也會左右你每天對教養和孩子的感受。這並非心理特質，也不是單純的行為，反之是存在方式、過程或狀態。當我們的腦部、心智和身體產生神經連結，自然會促成這個結果。這三大元素分別是：

神經元發射後產生想法和行動

每一個有意識的心智活動，例如思考或反應，都是無數神經元在特定時刻發射的結果。神經元會透過突觸互相溝通，傳遞神經傳導物質等化學物質；神經傳導物質是忙碌的小傳訊兵，一直來回穿梭，告訴神經元現在該不該發射。神經元發射的時候，例如你有一個念頭或讀到這個句子，神經元會突然亮起來，然後一轟而散，就像天空中綻放的煙火。如果同一個想法或行為重複數次，神經元經常以相同的方式發射，便會形成永久的蹤跡，導致你遇到類似的情境，容易發射同一組神經元。換句話說，你會不經意的萌生相同的念頭或行為。越常以特定的模式發射特定神經元，特定的念頭或反應越容易變成習慣。心理學家唐納德赫布（Donald Hebb）簡潔地說：「神經元一齊發射，一齊串連」。

一般神經元每秒發射五到五十次。每一個發射出來的神經訊號，都是在神經元之間傳遞訊息，訊息以電子化學能量的形式存在。這些資訊化為能量，透過神經元在腦部和神經系統四處流動。這種調節腦部和身體周圍能量流的過程，就稱為心智（Mind）。心智不是腦內固定的實體，反之是有條理的動態能量流，在身體、腦部和各種組織之間流竄。你的心智和自我意識（亦即有意識的自我觀感），源自頭腦、身體和關係的諸多過程，以及你跟別人的連結。頭腦、心智和身體也是密不可分，牽一髮動全身，還會影響到別人。

既然我們會刻意引導注意力，例如：抱持特定的想法，或者做特定的事情，我們就能夠自我調節，影響心智能量流動的模式，進而改變頭腦。由此可見，我們有能力調整心智面和情緒面的習慣。這背後的原理是神經可塑性，人腦有成長的能力，會隨著經驗調整。換句話說，腦部不僅會拓展關於情緒、心智和生理素質的腦區，也會改變這些腦區內部與之間的連結密度。我們當父母的人，可以有意識的善用心智，依照自己的期待來改變身體跟腦的迴路。當你這麼做，你也會開始改造你的孩子、關係和幸福。

人類演化出三重腦，各有不同功能

光是這個主題就可以寫成一本書了，因此我探討教養關係時，不可能涵蓋所有細節，請大家見諒！人腦演變至此絕非偶然，反之是適應環境的結果，隨著地球多年來變遷演化，人類花很長的時間慢慢適應環境，但現在工業科技發展太快了，導致腦部情緒能力趕不上現在的環境。

人類演化過程中，逐漸發展出三重腦，彼此密切相關，但仍保留各自的特色。丹尼爾・席格（Daniel Siegel）有一個聰明的方法，超適合解釋腦部結構。現在把手掌移到眼前，掌心面對著你，接著把大拇指包在手掌裡，四隻手指頭蓋下來，就是所謂的三重腦了。**第一層**是爬蟲類腦（reptilian-brain），包含了腦幹和小腦，也就是四根手指蓋不到的手掌基部，這部分連結脊髓和身體其他部位，相當於你手腕和前臂的位置。爬蟲類腦專門調節身體基礎的功能和感知，例如呼吸、心跳、消化、平衡和一些動作。

第二層是在你大拇指的地方，稱為哺乳類腦（mammalianbrain）。哺乳類動物發展出複雜的需求，需要更先進的迴路來求取生存，尤其是照顧寶寶。「邊緣系統」便是在這個層次，攸關情緒的產生和調節，對健康的關係和教養至關重要。至於你捲曲的手指和手掌上半部，也就是**第**

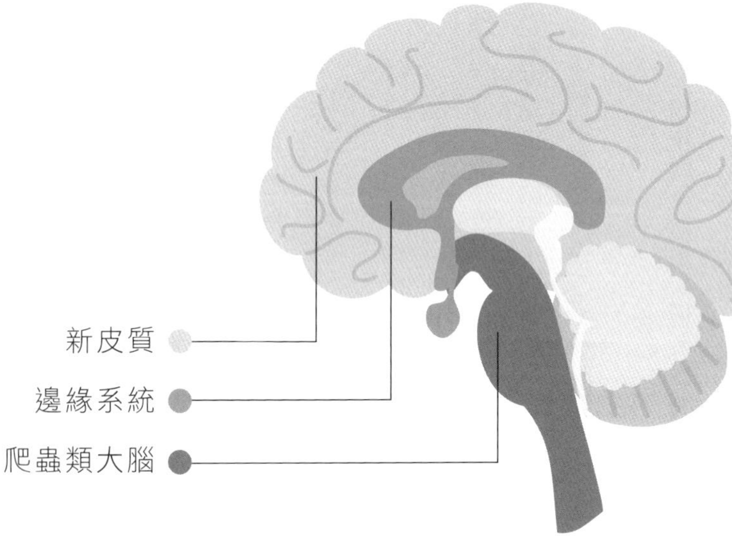

▲ 爬蟲類腦邊緣系統新皮質

三**層**的腦，稱為原始腦或大腦皮質（cerebralcortex），尤其是前額葉皮質（prefrontal-cortex）。如果前額葉皮質跟邊緣系統（大拇指的地方）妥善連結，有助於調節和整合情緒，善用邏輯推論、後果預知和一般自我控制。這是最複雜的腦層，對其他腦部區域影響很大。唯有讓三重腦充分合作，彼此透過連結有效溝通，父母才會永遠帶著愛去教養小孩子，避免過度的壓力和焦慮，或者冷漠和憤恨。

頭腦可以水平劃分，也可以縱向劃分成左右腦。左腦和右腦之間，透過稱為胼胝體的纖維帶互相連結，一來讓左右腦互相牽制（兩者的關係並非一成不變），二來讓左右腦維持平衡和合作。

你是從左腦還是右腦「看」孩子和理解孩子呢？這對教養的影響很大，尤其是教小孩情緒平衡和韌性。左右腦歷經不同的演化，對周圍世界的關注點不同，怪不得我們的認知方式，以及我們跟小孩的互動方式，都會影響親子關係。左右腦認知攸關三大關係狀態，一是維持開放覺察，二是調節情緒，三是在親子關係創造情緒安全，尤其是心連心教養不可或缺的開放覺察。

右腦和左腦：這是你看世界和參與世界的濾鏡

想像你走過美麗的花園，看到五彩繽紛精緻的花朵，沐浴在陽光下，你全身洋溢著幸福，過了一會，你把花瓣放在顯微鏡觀察。花朵脫離了原本的環境，你對花是否還有相同的感受呢？你還會如此的驚艷嗎？說不定你對花園的花朵沒感覺，但是對顯微鏡下的花瓣格外著迷。花朵呈現的方式（例如你體驗它的脈絡）很重要，不僅會改變你對花朵的感受，也會決定你如何「認知」它，看待它。同理可證，左右腦也是如此。這個部分會援引伊恩・麥卡斯特（Iain McGilchrist）的左右腦研究，我便是在讀完他精彩的研究後，才驚覺我們使用左右腦的方式，竟然會影響教養方式，進而改變親子關係。下面整理了他的研究，以及這對教養的意義。

腦部在過去數百萬年，經歷一層又一層辛苦的演化，最後劃分成左右半球，一個在右，另一個在左，已經維持很長的時間。左右腦還可以細分好幾個區域，每一區都有各自的功能，甚至有很多功能分散在左右兩側。左右腦不太對稱，例如：左後腦區和右前腦區比較寬，右腦比左腦笨重。右腦各區域保持良好的連結，反觀左腦各區域各司其職，左右鄰居的關係沒那麼緊密，從這個細節就可以看出左右腦的巨大差異。一些受過腦部損傷的病患，他們看世界的方式甚至整個人的個性，都可能因為左腦或右腦受傷而劇烈改變。

大家想必都聽過左右腦理論，例如：左腦擅長文字、邏輯和線性思考；右腦主掌創意、情緒和藝術。現在從腦部成像研究得知，左右腦的功能絕非截然二分，畢竟有些事情是左右腦都要做的，舉凡語言、情緒處理和推理。既然左右腦的職掌有所重疊，左右腦都有足夠的神經獨立運作，麥卡斯特何必撒這個大謊呢？我們還真的要劃分左右腦嗎？左右腦做的事情差不多，但行事風格倒是差很大，我們都知道左右腦做事情的方式不同。這是因為左右腦經歷演化後，對這個世界的關注點不一樣了，而且是很深層的差異。我們看到的世界都是頭腦呈現出來的，而左右腦給你的版本會不同。你看到什麼，決定了你發現什麼。如果你習慣使用某一邊的頭腦，你就會不理解你看不見的東西。

左右腦差異如何改變你對世界的觀感？

如果你回到人腦還在演化的年代，生活想必比現在單純多了，但是要跟飢腸轆轆的掠食者搏鬥。古代人只想著兩件事：一是覓食，二是保護自己。人類主要都待在大自然，一望無際的廣大荒野，必須對潛在的危險保持警覺。為了發現難以捉摸的掠食者，古代人對環境的注意力很不一樣，要注意的範圍很廣，接納各種可能性，不做任何預設。古代人不可能預知掠食者從哪邊冒出來，只好對整個環境保持警覺。這種持續而廣泛的注意力，不評價，也不預設，便是靠右腦來驅動。

另一方面，古代人要在灌木叢覓食，這有別於躲避掠食者的廣泛注意力。為了從灌木叢發現並採集莓果，人類需要把注意力限縮並聚焦，好比黑暗中的火炬，照亮那一丁點食物，突顯其存在。這種注意力便是靠左腦驅動，可見我們擁有兩種截然不同的看世界方式。如果沒有劃分左右腦，根本不可能同時展現這兩種注意力。我們多虧了左腦和右腦，才能夠把雙重注意力運用自如。

有趣的是，左腦竟然主掌右側身體的動作，包括我們經常拿取和操控東西的右手。左腦也控制言語相關的功能，亦即我們「理解」事物的腦區。我來解釋一下左腦的運作原理，現在假設你在灌木叢發現莓果，你必須確認這是什麼莓果，吃了會不會有性命危險。這時候你要分析莓果的個別特徵，對照你記憶系統儲存的經驗。這是一顆藍色圓形的小果實，因此是藍莓。現代世界越來越需要左腦，可以幫助我們限縮和分析，對照我們至今累積的知識或期待。

我們來歸納左腦看世界的方式，可想而知，左腦在思考和詮釋周圍環境時，確實會比較限縮、精準、聚焦和控制。左腦不可能無限開放，左腦本來就應該限縮，否則便無法獲取、理解和分類，也就無法依照期待去使用和控制了。

心連心教養，必須在開放和聚焦的注意力之間切換。我舉一個例子，小孩說話沒禮貌，你想要糾正他的行為。如果你一直鑽牛角尖，只想著孩子不守規矩，於是就嚴厲訓斥孩子，卻不管自己的語調會不會傷害孩子，以及自己是不是反應過度，這樣有可能忽略孩子真實的感受。反之，如果你的注意力運用自如，除了糾正孩子的行為，自然而然的評價和貼標籤（左腦），你還會看著孩子的表情，確認他對你的話有什麼感受（右腦），一旦發現孩子感到羞恥或悲傷，便自動放柔語調，你的回應會更友善，也會更恰當。

左腦和右腦的主要差異？這有什麼意義嗎？

左腦首重鬥爭、掌握、限縮和控制

左腦主要關乎掌握、奮鬥、精通、實現和愉悅，所以跟神經傳導物質多巴胺特別有關。多巴胺是預期會獲得獎賞所分泌的物質，讓我們有主動趨近的慾望，想追求新鮮感和刺激，以及想體驗愉悅和興奮。

果不其然，左腦專門限縮我們的注意力，一來讓肉體掌握事物，二來讓心智理解經驗。左腦很在乎控制力和確定性，正因為講究確定性，所以忽略了複雜性、細緻度和細微差異。左腦擅長分析事物的表徵，把這些特徵跟自己熟悉的印象對照，進而找出意義，缺點是無法感受事物的生命力、呼吸和「真實」。有了左腦的幫助，我們可以退一步，從技術的層次進行戰略思考和「理解」，但絕非全心投入的體驗。如果你在做分析，就不可能用心體驗。

左腦跟身體感官也缺乏直接關聯，但凡是真實的體驗（例如愛與連結），主要都牽涉到感官。左腦所接收的體驗都是二手的，早已在不知不覺間，先被右腦處理過了。既然左腦會限縮注意力，就不可能品味「活生生的」真實經驗，也不可能感受事物的「完整性」，例如事物發生的背景。因此，左腦總是把事物抽離出來看，正如動畫影片由無數靜止畫面組成，左腦也是這樣收集資訊的，進而拼湊出整體，直到左腦認得出來為止。

由此可見，左腦處理情緒的能力不如右腦，畢竟情緒屬於感官經驗，複雜、模糊又多面向。左腦只在乎分類和分組，左腦在歸納特徵的時候，為了貼標籤和理解，容易忽略獨特性，怪不得我們有刻板印象或忙著分類的時候，難免會忘記每個人都是獨一無二。當我們從左腦的視角看世界和看人，一切都變成可分析、貼標籤、控制或利用的對象，自以為「摸透」事物的能耐，享受貼標籤的確定感和滿足感。從左腦來看人和看事情，確實會影響我們的認知。

當你進行左腦思考，你會把自己視為獨立個體，你有自己一套規則和期待，認定別人「應該」依照這套規則和期待來對待你，你對於自己的生活也有「既定」的看法。這跟意識有關，把注意力都放在自己身上，包括你應得什麼？你渴望什麼？你需要什麼？你希望人生怎麼過？你渴求什麼？對你而言什麼才算是舒適或自主？你有什麼目標？這對於教養並沒有幫助，因為當父母以後，你跟另一個人的情緒和經驗就分不開了，那個人會依賴你好多年。除非你允許自己去接受，用心去體驗，對於不舒服的情緒和身體感受都照單全收，不做任何評價或控制，教養才會變簡單。

右腦藏著你內隱的社會腦和情緒腦

右腦跟身體互相連結，可以從腸道和心臟等器官接收訊號，因此跟直覺、本能和情緒有關，讓我們感受並處理從周圍環境接收的社交情緒訊號，包括臉部表情在內。這是我們跟別人以及世界連結的基礎。

右腦接受事物原本的樣子，不急著分析或假設。右腦懂得欣賞獨特和新奇，無論體驗到什麼，都接受它的一切，不急著評價，也無須對照經驗去做任何解釋。我舉一個右腦思考不足的例子，我遇過很多家長和企業客戶，總是從左腦來看事情，如果發現別人有不一樣的情緒反應，通常會不理解或不接受。

右腦不是要追求身體或心智的目標，而是注重跟事物的連結，包括事物的特徵、事物在我們身上引發的感官、事物之間的關係（包括背景脈絡），可見右腦跟左腦截然不同，左腦看事情總會有一套「標準」。我兒子的左腦比較發達，他對天氣的看法經常讓我哭笑不得，他看了天氣預報，再看了天氣，如果跟他期待不一樣，他會垂頭喪氣地說：「今天應該是大晴天的！」他很難理解天氣是自然現象，不可能盡如他意。

右腦前半部主掌同理心、本能道德行為、衝動控制和社會連結。左腦對於別人表情所透露的情緒資訊，並無法像右腦好好辨識並處理。我們幾乎所有情緒激動和情緒處理，都是透過右腦完成，但如果是刻意分析、心智歷程和情緒控制，就屬於左腦職掌的範圍了。一些最負面的情緒，諸如恐懼、羞恥、悲傷，竟然都是跟同理心和脆弱有關，所以歸右腦管轄，唯獨憤怒歸左腦管轄。此外，也有證據顯示快樂和喜悅跟目標實現有關，主要靠左腦驅動，一些偏正面的情緒也跟左腦有關，但這些仍有爭議性，大家莫衷一是。**跟自我有關**的情緒會歸左腦，其實滿有道理的，例如有些情緒牽涉到韌性和快樂，特別需要不切實際的樂觀心態，或者對於自我有天馬行空的想法，甚至是自信心。

左右腦看待問題和挑戰的態度有什麼不同

我們看待問題和解決問題的方式，取決於我們如何運用左右腦。左腦跟推論有關；右腦會幫大家理解左腦做出的結論。左腦在乎規則和概念，例如進行抽象思考，有很多「應該」或「不應該」；右腦在乎真實的感受。左腦不喜歡模糊，愛編造貌似可信的論述，把所有資訊整合成可預測的知識。左腦有時候會操弄事實，故意製造幻覺，來填補自身理解的空白，卻完全沒有意識到這個盲點，導致自欺欺人和妄想。左腦很聰明，卻不一定是對的，尤其是自我認知錯誤或自責。

右腦在遇到問題和思考解決方案時，能夠提出好幾個可能性，對不同的選項保持開放心胸，直到找出可接受的解決方案，因此右腦跟左腦不同，左腦會執著於某個觀點，一直是在驗證心中的假設，每次遇到跟自己想法不同的資訊，就直接否認或全盤拋棄，這就是所謂的**確認偏誤**（confirmationbias）。左腦難免會不切實際的樂觀，大概也因為這樣，才無法妥善處理高壓。右腦對於自身以及未知的事物較為務實，反觀左腦有一點愛妄想，對於自身又過分樂觀，無法像右腦一樣去適應變遷、模糊、彈性、情緒和直覺，但每一個孩子都獨一無二，難以捉摸，自然會把這些元素帶到我們的生活，也需要我們陪伴成長。

當你從左腦的視角看世界，一切都變成你要清楚理解的對象，包括孩子、孩子的感受和想法。左腦幫助你掌控世界（以及你的孩子），右腦幫助你跟世界連結，這兩件事在教養關係上互斥。現在我們和孩子都很會談論和分析情緒，但是我懷疑，我們已經喪失了覺察和體驗真實情緒感官的能力。

左右腦差異總結如下：

左腦的特徵	右腦的特徵
・左腦見樹不見林。 ・限縮注意力，仔細審視。 ・依照事物「該有的樣子」來評價。 ・期待資訊／事物符合有意義的系統或模式—對於事物都有既定的成見。	・右腦見林不見樹。 ・廣泛、開放、持續的注意力。 ・接受事物真正的樣子。 ・單純的體驗，不評價。 ・欣賞獨特性，沒必要迎合系統、模式或分類。
・關於掌握、期待、控制、奮鬥和實現。	・關於「同在」和連結，接納事物原本的樣子。
・容易有不切實際的樂觀和自我妄想。	・有遠見和創新的想法。
・偏好確定性、規則、分類和貼標籤。 ・偏向「非黑即白」的思考。 ・容易有確認偏誤，總希望所見所聞跟自己的期待相符。	・可以看見事物／人／自然世界的互賴性。 ・可以包容模糊和不確定性。 ・可以抱持或接受多重解釋。 ・能夠適應複雜性，包括弔詭和矛盾。
・跟身體感官失去連結，對事物毫無感受—只會言語分析。 ・無法好好解讀臉部表情、情緒和社會訊息。 ・不是特別有同理心，但具有認知同理心（知道別人會有什麼反應，或者可能有什麼感受—但不是真的感同身受）。	・跟身體感官有連結。 ・掌管情緒資訊處理、臉部表情、社會互動和同理心。 ・偏好真實如生的經驗，更甚於抽象資訊分析處理。

如果少了右腦平衡的智慧，人與人的關係會扭曲

這也可以套用到我們跟身體的關係。現在身體似乎不再是「自我」的一部分，而是劃分好幾個部位，隨時要接受評價、控制和改變，以符合我們內化的標準，有我們想像的外貌和表現。突然有很多年輕人罹患體象障礙（body dysmorphic disorder，又稱美麗強迫症），瘋自拍、整型、健身熱潮和節食、提高運動成績等，再次證明我們用左腦跟自己互動。

體象問題在年輕人族群日益嚴重。年輕人大多無法接納並連結自己的身體，真悲哀，一直在擔心身體的能耐，以及有沒有符合自我的標準。身體被物化了，任由我們修補和更動，好像一部機器，必須符合一套完美的標準，人體的現實情況完全受到忽略。然而，人體本來就很多元，千變萬化，極度複雜、凹凸不平、多毛、有體味、難以捉摸、充滿小缺點。如果我們跟一個人建立穩固的連結，尊重他是一個完整呈現的情緒體，便不會在乎這些細節了。唯獨從左腦的視角出發，我們才會把個人或身體物化，一點點芝麻小事，就讓我們心生厭惡和提心吊膽，但是從整體來看根本不算什麼。

自我批判是成人和孩童憂鬱症和焦慮症的主因，也是因為左腦太發達的緣故，用無數的「應該」和「必須」來框限自己，而非接受自己是獨特複雜，有感受會呼吸的人。現在大人似乎也一直叫孩子應該怎麼做，卻不在乎孩子真實的感受。我們做爸媽的要記得，我

們為孩子設定的規則，會讓孩子慢慢忽略內在的需求和感受。

左腦這種破壞式的審查方式，對人際關係不好，無論是跟我們自己的關係，或是跟另一半和孩子的關係。把一個整體劃分成幾個部分加以分析，你會失去連結，也會喪失對重要事物的直覺。愛便是一例，你越是分析和推論，越無法打從心底直觀的感受一切。如果你是左腦為主的人，就算看了關於情緒的書，也無法讓自己情緒化，就算你刻意裝出情緒，也沒有什麼用處，人只對出於本能的情緒感受最有反應，這種情緒源自於身體，直接透過右腦進行非言語的內隱處理。

如果你聽完這些，只覺得右腦比左腦優越，這絕非我的本意。最有效率的情況其實是左右腦通力合作，更何況任一方佔優勢，都會讓另一方居於劣勢，導致功能失衡，比方右腦發育不全，可能在情緒調節、同理心和道德感有所缺陷。反之，父母親右腦太發達，便難以體會教養的喜悅，可能對孩子過度防衛、保護和排拒。我們之所以會憂鬱，以及感受到威脅和焦慮，都是因為右腦失衡。後面幾章會探討右腦對情緒調節的功用，我們需要左右腦同時運作健全，才能夠成為平衡、慈悲、有智慧的父母。

右腦應該是主宰嗎？

現在用更宏觀的角度看待左右腦，誠如麥卡斯特所言，理想上我們必須以右腦為主，讓我們有遠見和智慧、建立連結和換位思考，左腦則是從旁邊輔助，負責操作和分析，引導我們奮力實現。只可惜數千年來，尤其是現代消費主義興起，以及科技與科學發展，我們跟世界的關係逐漸變成左腦主導。除了教育體制以外，我們的注意力也放在言語上，強調明確的學習、規則、細節、分析和機器，讓我們掌控自己的經驗，一切都是在強調左腦主導的生活方式。依照自己的目的去掌握操弄世界，確實有很多好處，否則人類也不會有進步，但逐漸偏向左腦思考也不是沒有壞處。

當我們越在乎成就、富足、掌控、確定性和愉悅，便會逐漸喪失連結、同理心和智慧，尤其是我們忙著做事情和追求目標，就沒有時間注意其他事，尤其是內在的感受（情緒和連結的語言）。左腦主掌言語能力和意識思考，逐漸稱霸右腦，右腦只好退到後座，不發一語，備受忽略，真令人擔憂。

我們在教養的過程中，有些人是左腦主導，有些人是右腦主導，也有人在左右腦來回切換，一會嚴格，一會寬鬆，一下子寬容有同理心，一下子霸道愛批評。這些日子以來，我們逐漸忽略左右腦平衡，進而傷害身體、心智和環境的健康。這種左右腦失衡會改變我們的教養方式，進而改變孩子腦部發育，久而久之會影響全人類的特性。我們只要靜下來想一想，現代機器和科技在現代生活扮演的角色，就明白再繼續這樣發展下去，會如何改變我們的人際關係。下一章會探討左右腦失衡對教養能力的影響，以及左右腦平衡對孩子有多麼重要。

這個問題很嚴重，當我們主要透過左腦跟孩子建立關係，很容易看到孩子的缺陷，否認孩子真實的樣子，總覺得孩子不符合自己的「期待」，因而感到憤怒和沮喪。坊間的教養書還會助長這種趨勢，因為你讀了這些書，你對身為父母的自己以及孩子有所求，一旦事情發展不如預期，你就覺得自己遺漏了什麼，哪裡做得不夠好。舉例來說，當你閱讀這本書，你會開始反省自己的家庭生活，覺得家庭生活就應該平靜，實行心連心教養，孩子應該會開始乖乖聽話、尊重你和調節情緒，這時候無論你立意有多麼良善，都會陷入以左腦主導的教養模式。

你要求孩子不做當下的自己，根本毫無道理。孩子就是不知道有更好的方法，否則他們體內的荷爾蒙、化學物質、神經系統和頭腦，便會支持這個更佳的狀態，讓自己做出更棒的行為。我的意思是說，心連心教養的先決條件是接納孩子、你自己和你家真實的樣貌，不強求改變。如果你只用左腦，你一心只會想著控制經驗，用一堆「理想」來評價孩子。開放式教養不強求孩子做特定的改變，反之要培養孩子情緒調節的能力。無論孩子有沒有符合你或其他人的標準，你都會憐惜他。唯有你發自內心，感同身受做到這樣，孩子自然會平靜下來，聆聽你，尊重你，但這絕對不是靠思考和言語來達成，一切只能用心感受。

正念練習02・連結你的右腦和左腦

先找個舒適的地方坐下來，讓自己心無旁騖安靜幾分鐘，雙腿和雙手舒服的放下來，不要交叉，背部保持挺直，定時七分鐘。一開始，你可能會覺得這個練習很困難，但千萬不要放棄或心灰意冷。這個練習沒有對錯，每一次練習，都會讓你下一次做得更好。記住了，神經可塑性很仰賴反覆練習！

❶ 閉上雙眼，開始覺察身體在吸氣和呼氣，到了第五個或第六個呼吸，試著覺察呼吸的感官感受，不做任何評價或掙扎。

❷ 現在你吸氣的時候，記得氣息要灌注到眉心，也就是前額。我說氣息灌注到眉心，是為了聚焦你吸氣的注意力，專心體會感受，不要被視覺拉走。

❸ 現在你呼吸的時候，試著把眉心的氣排出，每一次呼吸都要更緩慢，拉得比吸氣更長。這時候覺察你比較容易把注意力放在左側還是右側。等到你可以輕鬆把注意力導向眉心和前額，再進入這個練習的下一個部分。

❹ 持續把氣吸飽到眉心，但是呼氣的時候，開始把注意力放在右腦。如果你可以關注整個右腦，當然最好不過了，但如果你只能關注右腦前半部也無妨。記得

把呼氣放緩，保持放鬆和緩慢，慢慢讓臉部和身體放軟，卸下緊繃，至少維持兩分鐘。

❺ 現在重複第四個步驟，只是換成把注意力放在左側。

❻ 現在吸氣和呼氣時，同時把注意力放在左右兩側，試著在呼氣的時候，去連結、去關注你整個腦。

❼ 每天都要練習，從第一章、第二章和第三章最後的練習任選，直到你碰到新的練習為止。如果你發現某個練習特別有平靜和消除疲勞的效果，記得勤加練習，你感覺舒緩是最重要的！但是別忘了，有時候你感覺最舒服的，不一定是你最需要的。

反思

善用這些問題來自我反省，確認你是透過左腦還是右腦來關注周圍的世界，進而影響你的教養風格。

處在當下和體驗（右腦）vs.活動和控制（左腦）：

• 你跟孩子相處的時間，有多少比重是在活動（帶孩子出門、玩遊戲、餵食、讀書給他們聽）？有多少比重是在平靜的連結（一起坐著、放鬆、聆聽、依偎、眼神接觸）？

- 你經常跟孩子「同在」嗎？不執著於評價或修正他們的行為。
- 你對孩子感同身受的機會多嗎？直覺感受他們的內在感受和需求。
- 你能否不透過言語，而是透過眼神接觸和臉部表情，來跟孩子連結和分享感受呢？
- 你經常讓孩子到處亂跑和玩耍，不在意整潔和時間嗎？
- 你們家經常想做什麼就做什麼嗎，或者給孩子不受限的玩耍時間，跟朋友或鄰居盡情玩耍嗎？
- 你花多少時間做一些跟成就或消費無關的事情，例如藝術、音樂或自然？我說的是你深受感動而自願去做，而非覺得自己必須做，或者害怕輸在起跑點而做。
- 當孩子做了令人傷心的事情，你能不能先退一步，從孩子的觀點看事情，再去制止孩子或者斷定行為背後的原因？（平衡左腦和右腦）
- 你的教養關係有多少成分是在要求孩子守規矩，例如吃飯的規矩、禮節、時間安排、睡覺規定、社會規範？當他們不願意遵守，無法乖乖守規矩，你可以容許多少彈性？

‧你有時候會不會急欲控制孩子的人生，擔心事情的發展難以捉摸？

‧你經常忘了覺察孩子情緒和感受嗎？你老是在意孩子的言行有沒有符合你心目中的是非對錯嗎？

‧你經常覺得孩子難以捉摸、不可理喻、難以理解或控制嗎？

第三章 重點整理

親子關係要真實連結，必須滿足三個必要條件：開放覺察、情緒調節和情緒安全。

現代人都有喪失連結的危險，這跟頭腦如何關注和參與周圍世界的方式有關。為了找到解決辦法，我們必須先認識腦部運作原理，學會左右腦平衡和整合。

頭腦的主要功能是詮釋我們的經驗，控制我們對這些經驗的反應，讓我們保持安全，維持身體的平衡。人類出自本能，通常會偏好正面的經驗，逃避危險或負面的經驗。

人腦有數十億個神經元，每次我們做事情或想事情的時候，都會有無數的神經元交互作用。神經元會互相連結，形成固定的思考或行為模式，一旦我們再遇到類似的情境，就會自動做出這個反應。不過，我們也會運用心智，刻意把注意力導向特定的念頭和行為，創造我們想要的改變。腦部有這種因應經驗而改變的能力，就稱為神經可塑性。

人腦可以垂直劃分為三重腦，也可以水平劃分成左腦和右腦，一邊在左，一邊在右，左右腦掌管大部分的心智活動，卻造就不同的行事風格，因為左右腦關注世界的方式不一樣。這對於教養關係有深遠的影響，尤其是開放覺察式教養。

左腦讓我們限縮注意力，精準對焦，希望自己所見跟「期待」相符，關乎掌握、控制、評價、分析、分類、貼標籤和操控，以便理解和運用我們手邊的人事物。以左腦為主的教養模式，可能有點僵化，看事情不夠多元。

右腦的注意力比較開放，接受事情原本的樣子，不帶成見或評價。這跟身體感官有關，主掌情緒處理、社交訊息和感同身受，如果右腦健全運作，你可以感覺事物的關聯性，變得更有遠見、智慧和觀點。心連心教養主要是仰賴右腦的處在當下的覺察狀態。

有些人教養的時候會偏向左腦或右腦，也有人是在左右腦之間切換。良好的教養需要整合和平衡左右腦，但右腦必須是主導。

現代人大多是左腦主導，這會影響我們的心理健康和幸福，以及我們對人生目的意義的看法。

第4章

左右腦如何影響你跟別人連結的能力

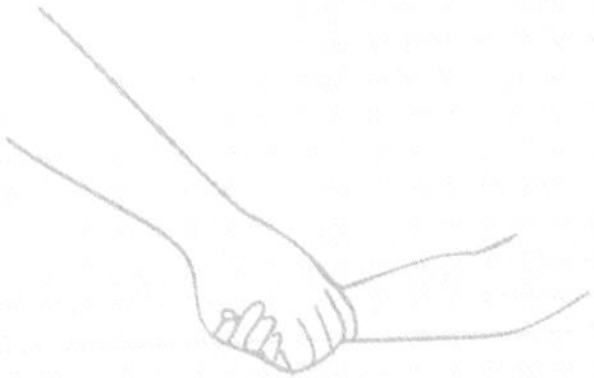

關於人腦和左右腦的知識很有趣，但大家願意看到這裡，主要還是想知道如何教養孩子，以及我們看待世界的方式如何影響教養模式。

總歸一句話，左腦的注意力都放在「活動」（doing），例如說話、分析、評價、實現、控制和規劃，右腦跟「活在當下」（being）比較有關，例如感知、感受、連結和直覺。左腦會產生期待（如果不符合期待，便會憤怒／沮喪），右腦讓我們靜靜去觀察，接受人事物原本的樣子。唯獨在右腦主導下，達到開放覺察（情緒調節）的狀態，心連心的關係才可能實現。我們的教養必須以右腦為主，讓孩子正常發育攸關情緒調節的神經連結。更重要的是，教養必須從右腦出發，為親子關係奠定愛與慈悲的基礎，孩子才能夠培養幸福感、韌性和滿足感。

連結會自然產生嗎？

你可能心想，既然連結對我們的心智情緒生活如此重要，連結有沒有可能自然產生呢？這個嘛，回顧人類的演化史，大多數時間都沒有文字，只好仰賴身體的情緒語言和直覺，那時候要建立心連心的連結似乎比現在容易，可是隨著人類發展出高深的抽象思考、語言對話、規劃能力，開始懂得處理跟真實感官或當下事件無關的事情（例如一堆待辦事項），於是就迷失在無數的「可能和應該」，越來越無法活在當下，也就做不到不評價、不分析、不控制和不擔憂。怪不得會流行一些冥想法，例如正念，教大家重溫頭腦本來就會做的事情，只是被現代忙碌生活遺忘罷了。單純活在當下，不評價，不強求。我們要重新學習接納自己和孩子原本的樣子，就算不可能一直這樣，但至少在某些時間做到。唯有在開放的狀態，無數平靜的瞬間，才可能建立人與人的連結。

餐桌禮儀：列舉左腦或右腦主導的教養模式

我舉一個輕鬆的例子，也就是餐桌禮儀。你將會明白為什麼僵化的左腦會害我們走冤枉路，而我們該如何尋求左右腦平衡。五歲小孩的自我意識還不夠成熟，眼前出現一大盤食物，當然會覺得興奮。他餓壞了，只想趕快吃到東西，這也不是他故意的，於是他直接用手抓食物，狼吞虎嚥起來。你正想著別的事情，看到孩子這樣，一把火就這麼升上來，你厲聲叫他閉嘴坐好。他頓時有一點錯愕，覺得自己受到冒犯了，但還是乖乖閉上嘴巴。

過了幾分鐘，他張大嘴巴大聲咀嚼，臉頰、顴骨和衣服都沾滿食物的碎屑。你開始發飆，厲聲斥責，甚至還說了「噁心」。不管你有沒有意識到，你的左嘴角已經有點上揚（厭惡的神情），你的語調可能很尖銳，雖然只是微妙的改變，但孩子會感到羞愧，因為你在評價他，就在那一刻，他跟你之間失去連結了。他只是想好好品嘗食物，樂在其中。他活在當下，順應身體的渴望，才會這樣狼吞虎嚥，他正在吃東西，並無法一邊顧及抽象的規矩。

當你有這種反應，你就是把孩子當成控制的對象，你無法連結他對食物或自己的感受。你制止他的時候，完全沒注意到他的臉垮下來了，除非他也開始大聲，裝腔作勢，否則你什麼也不會注意到。你只希望他守規矩，卻不在乎他真實的感受。這就是標準的左腦教養模式，徒增無謂的苦惱和關係斷裂。如果你和孩子之間有著堅定穩固的關係，充滿溫情、理解和親密感，孩子還可以容忍你這種反應，但如果糾正、控制和誤解超過了接納和溫情，平衡就會改變，這時候孩子的行為會有兩種走向，一是防衛和反抗，二是被動和冷漠，這兩種態度都無法培養情緒智商。

反之，如果你教養的過程中，把左右腦加以整合（右腦為主，左腦為輔），你再次面對相同的情況，反應會大為不同。你不再覺得厭惡或生氣，反而語帶輕鬆的提醒孩子，吃東西要把嘴巴合起來。又或者，你還是想訓斥孩子，但馬上會察覺自己的憤怒和厭惡，先把罵人的話忍住，專心放鬆身體（身體會不自覺的緊繃），退一步看整件事情。你會直視孩子的雙眼，感受他是一個活生生的人，只不過是一個餓壞的小孩子罷了。你可能打從心底明白，小孩子哪知道什麼餐桌禮儀和吃飯姿勢，父母必須花時間教孩子，讓孩子明白餐桌禮儀的重要性。當你的心態以好奇心取代評價，你可能還會問一問他的想法，一起討論為什麼吃飯時嘴巴要閉起來。

為什麼要有這些餐桌禮儀，指使我們什麼該做和不該做呢？大家別忘了，人類演化的歷史上，大部分時間都在野外生活，為了食物爭得頭破血流。現代人行程滿檔，卻堅持這些嚴格的禮儀，否定自己身體感官或表達情緒的權利，有時候甚至把禮儀都內化了。我認為社會規範是為了體貼別人，例如吃東西要閉嘴巴，因為讓人看到嘴巴在咀嚼食物，確實不雅觀。

社交禮儀存在的目的，是為了避免做出令自己或別人厭惡、受傷或心煩的事，但久而久之我們只顧著內化社交禮儀，卻忘了要體貼別人，有時候甚至凌駕於常識之上。現在餐桌禮儀反倒是一種象徵；不懂餐桌禮儀就是沒禮貌；餐桌禮儀成了社會地位的象徵。這些規矩本來是要體貼別人，但現代人早已忘了初衷，不知變通地強加在孩子身上，這種行為本身就是不體貼！有些文化認為美食就是要無拘無束的享受，不應該有任何壓力或審視。我並不主張完全放棄禮儀，我只是希望大家放輕鬆，讓孩子更盡情的碰觸、嗅聞和品嚐。

如果你希望孩子對別人更體貼、更有同理心、更善解人意，你自己就要對孩子展現善意，培養孩子某些腦部迴路，而不是期待孩子內化無盡的規矩，否則孩子跟別人的關係會流於公式化。當你對孩子夠體貼，你再來強調規矩，直到孩子內化為止（這需要耐心！）。記住了，過與不及都不好。

以好奇取代評價的教養模式

如果教養以左腦為主，我們會對孩子有期待，卻忘記孩子是複雜的人，有自己的特質、需求、缺陷和想法，不一定跟父母相同。當我們將孩子物化了，視為供人評價、影響和控制的對象，我們就會怕孩子遭人批評，怕事情不如己意，或者怕不舒服的情緒升起。我們期待孩子乖乖的吃飯和睡覺，因為書本上說孩子做得到，如果孩子做不到，我們就對孩子循循善誘。我們都忘了，做得到的事情不一定非做不可，但左腦式教養就會助長這種心態。

想像你眼球天生就有黃色的鏡片，你看到的世界帶有黃色調，所以你不知道世上還有其他色彩。你從特定的參考架構看孩子，也是同樣的道理，當我們開始貼標籤、評價、審視，評論孩子是什麼或不是什麼，我們會期待孩子做出特定的行為，再加上有確認偏誤，我們解釋孩子的行為時，難免會落入既定的假設和評斷。只要不符合我們的期待或需求，便難以容忍孩子的偏差和個性。有時候我們寧願貼標籤和設定期待，也不願接受教養過程中的混亂和不確定性。

跟別人比較會破壞關係

現在的教養資訊都在鼓勵我們互相比較，跟別人比較向來是我們的本能。把自己的孩子跟其他孩子比較，如果發現沒有相同的特徵或行為，就開始拉警報或心灰意冷。我們擔心其他孩子正在做的事情，自己的孩子沒做到，更糟糕的是社群媒體興起，以及一些號稱要「聯繫」大家的科技，讓我們更清楚世界各地孩子正在做什麼。

當教養以左腦為主，我們是在「拚教養」，這種教養關係有源源不絕的負面情緒和壓力。我們都忘了右腦的開放性、慈悲、溫情和接納，才是孩子成長過程中最需要的，然後輔以左腦的規則、期待和解決辦法，這樣合起來就是完美的平衡。只有這種教養方式會建立必要的腦部區域，讓孩子過著我們心目中的幸福生活。

當孩子被誤解了，會氣到切斷連結

小孩之所以會極度沮喪、生氣或悲傷，通常是父母把子女的行為歸咎於一些沒意義的原因，或者沒搞清楚子女真正的意圖。父母總是會依照既定的解釋，自行詮釋子女的行為，可能是我們對一般小孩的看法，或者我們對自己小孩的既定印象，完全無視其他可能的原因。這種情況很常見，而且都是做負面詮釋，例如孩子沒有調節情緒的能力，需要大人的安慰，卻被說成「媽寶」；或者孩子從現實生活發現說實話會惹爸媽生氣，為了避免這種可怕的情境，於是撒了謊，卻被說成「心機重」。左腦主宰的世界會助長這種趨勢，如果我們再繼續忙得像無頭蒼蠅，壓力大，情緒缺乏調節，情況只會更惡化。

當孩子覺得自己被誤解，會開始生氣和憤恨，畢竟這些標籤通常不太公平，也不太正確，你明明應該站在孩子那一邊，但是當你開始評價孩子，就是在切斷你跟孩子的連結。這些評價大多把單一事件歸就於個人習慣或個人特質，比方：「你都不幫忙耶！為什麼不學你姊姊，我一叫就過來幫忙。」孩子不太會主動幫忙，有可能是個性使然，也可能孩子年紀小，忍不住想做其他更好玩的事情，或者孩子心裡正在想別件事，又或者當下就是沒心情幫忙。對於成年人來說，沒心情似乎不足以作為理由，但小孩子的腦部發育不全，這就很合情合理了！我不是說父母就該讓步，而是父母必須多理解少評價。你不妨趁這個機會教育小孩子，讓他們明白幫忙做家事可以讓家庭生活更美好。這樣不是更有建設性嗎？

誤貼標籤、批評和負評都會導致關係破裂，這通常是「不良」行為的起因。我回想過去的經驗，每當孩子一直唱反調，教養關係開始觸礁的時候，往往是我自己陷入負面和評價的心態，不自覺累積好幾個心結，最後在孩子的行為反省到自己。我忙碌或睡眠不足的時候，或者工作或社交耗盡我的情緒能量時，我不經意就會有這種表現。當我忘了要正念和懷抱慈悲心，導致憂慮和貶抑佔滿我的心，就算孩子的行為跟以前一樣，我也會覺得比以前更討厭更可惡。我可能在一個禮拜前還覺得他們的聲音調皮有趣，但只要我壓力大或心思渙散的時候，我可能就覺得他們沒秩序很煩人。孩子沒有變，是我變了，至少我內心的狀態不一樣了。當孩子感受到我的改變，聽到我的批評，就會跟我漸行漸遠。如果這種狀態持續好幾天，孩子會越來越不想幫我忙，用心聽我說話。

批評會影響孩子的自我形象和自我接納

小孩子只是不遵守餐桌禮儀，或者暫時失去自我控制，父母就開始無限上綱，這樣很容易傷害孩子的自我意識，影響孩子未來的行為模式，因為這會變成自我實現的預言。

當孩子老是遭受批評，便會打從心底相信自己是「有缺陷的」。這不是一種言語記憶，而是對自己由衷感到可恥。當他相信自己骨子裡就是這樣的人，就再也不想要討好你了，反正他覺得無論做什麼事情，你終究會否定他。他會變得好辯愛唱反調，因為他經常被誤解，覺得你只會誤解他。每次你發表意見，就算沒有批評他的意思，他也會馬上跟你唱反調。再不然，孩子可能開始追求完美，急欲爭取別人的認同，以免聽到任何負面評

都可圈可點，但是大家沒發現、沒思考背後的原理，而是讀到什麼就開始做。從今天以後，別再問「該怎麼做」，而是問「有什麼感受」，你才會就事論事，真正去管控孩子的行為，讓孩子更貼近自我。

我坦誠我生第一個孩子時，我太心急了（也太執著），一心一意只想把孩子哄睡，趕快回去工作，否則我的工作能力只有生產前的一半，我從晚上六點開始就無視孩子的感受。我讀了關於生活起居的教養書，總覺得時間到了，孩子就該乖乖上床睡覺。我哄他睡覺總是快狠準，以免小孩子該睡還不睡，這似乎影響到我跟兒子的連結。我很會催他去睡覺，後來他長大了，對時間有一點執著，如果要在期限內完成什麼事，或者在預定的時間抵達某處，便難以放鬆。這些日子以來，風水輪流轉，換他催我了，他想快點把事情做完。我們明明可以準時抵達，他還是覺得我太鬆散了，希望我做好時間管理。果然啊，個人造業個人擔！

如何以深思平衡的方式建立紀律

如果你跟孩子保持真正溫暖的連結，你會更容易接納孩子難免會犯錯，這一生可能會跌很多跤，經歷很多難關。當你把注意力放在長期，你根本不需要靠什麼獎勵或罰站，來控制小孩子的行為，雖然偶爾還是會善用這些道具。我的建議是除非有必要再使用，而且用在小小孩身上，最好要深思熟慮，但如果會讓孩子羞愧，或者孩子已經夠痛苦了，你還繼續孤立他，又或者可能破壞親子關係，那就不要再使用了。

你不妨從下列三個面向，試圖跟孩子解釋你訂的規矩，而不是你一直搬出規矩，孩子一直想辦法逃避，導致你越來越灰心。

1. 為什麼要有這些規矩呢？一旦你破壞規矩，別人有什麼感受呢？

這是在探討規矩形成的原因。如果我們不守規矩，別人會有什麼感受呢？對集體的福祉有什麼影響呢？大家很容易忽略背後的原因，只顧著嚇唬小孩子，或者威脅小孩子不乖會怎樣。這種親子對話欠缺同理心和理性推論，如果孩子年紀還小，可能會出於恐懼而乖乖就範。等到孩子大一點，就必須讓他們明白這些規矩存在的原因，以及不守規矩的後果。

舉例來說，如果準時到學校是你們親子關係緊張的根源，先別急著大小聲、循循善誘、控制或批評，反之去詢問孩子，為什麼準時到校很重要。如果孩子遲到，對其他人有什麼影響？如果有人遲到，老師和其他同學會有什麼感受？試著跟孩子解釋一下，讓別人枯等，或者打斷大家準時開始的活動，其實是不太體貼的舉動。如果每個人都姍姍來遲，不依照指定時間到校，學校會變成什麼樣子呢？

你孩子看其他同學姍姍來遲，心裡有什麼感受呢？人生本來就沒有秩序可言，不可能事事仰賴別人，或者要求共同經驗一帆風順！不妨趁機提醒孩子，很多規矩是為了體貼別人，讓大家互利共存。

2. 不守規矩對全家人有什麼影響？對你們的關係有什麼影響？

跟小孩說清楚，你每次逼他做不想做的事情，你內心有什麼感受，這會在你們之間製造多少壓力和緊張。你不妨問問看孩子，每次你碎碎念，要求他做這個做那個，他內心有什麼感受。你可以坦白告訴他，當你為了他好，要求他去做某些事，如果他可以表達尊重，你的感覺會好很多，但是別忘了，你的要求必須合情合理，而非過度控制，我們對於孩子的行為要保留彈性（例如別讓孩子覺得，每次都是在順應你的需求或期待）。

3. 討論不守規矩的後果。

我們再來探討遲到的例子。你不妨問一問孩子，如果他延遲到校，會有什麼事情發生，他會有什麼感受。跟孩子說清楚講明白，遲到是他自己做的選擇，如果他選擇遲到，就必須接受遲到的後果。

行為管理、紀律和後果

如果你的孩子還小，不明白這些概念，請盡量發揮耐心和毅力。孩子成長的過程中，難免需要連哄帶騙，甚至要出動獎勵貼紙等正增強（positive reinforcement）妙招，可是等到孩子大了，明白不聽話的後果，你就要展現嚴厲的愛，一方面富有同情心，另一方面捨得讓孩子承受不守規矩的後果。比方，孩子不聽話，沒有在預定的時間出門，你也試過正增強的方法，現在只剩下兩條路可以走：第一條路是逼孩子就範，但是這麼做沒有愛，也缺乏尊重，第二條路是讓孩子知道遲到的後果。跟孩子說清楚，這就是他要承擔的責任，他選擇不聽話，晚一點出門，現在要承擔這個選擇的後果。不過，你要注意語調，千萬別語帶威脅，畢竟我們不是要處罰孩子。你記得要保持慈悲，但態度堅定，自然會坦然面對一切，痛苦看著孩子（和你）受到評價和懲罰。

有時候孩子會持續再犯，你更要保持上述的慈悲心，但可能要跟孩子約法三章，如果再犯的話要付出代價，例如剝奪他們喜歡做的事或特權。我並不提倡這種方法，但我在小孩身上試過幾次，成效確實不錯。有一些研究顯示，每個人都有負向認知偏誤（negativity bias），因此懲罰（例如失去）比獎賞（例如獲得）更能夠加速學習，怪不得要以剝奪孩子東西作為懲罰，讓孩子內化新的行為規範。一開始，你先信任孩子，一起達成協議，但如果孩子老是做不到，你大可跟孩子說，你的信任正逐漸喪失，當雙方的關係缺乏足夠的信任，你便無法讓他們自由的做某些事或享受某些特權。找孩子一起討論該如何補救，並且在過程中全力給予支持。

如果你選擇這種教養方式，請試著把後果和情境連結。如果孩子對朋友的態度不佳，你要跟孩子說清楚，現在你不相信他會善待別人，所以這禮拜的玩耍日暫時取消。再不然，你可以拿他們珍惜或喜歡的事物作為懲罰，讓孩子明白人生就是要靠自己爭取特殊待遇，以及做錯選擇就要付出代價。懲罰務必合情合理，讓孩子覺得公平，如果可以的話，先跟孩子說清楚講明白，讓他們清楚不守規矩的後果。

懲罰孩子或者讓孩子承擔後果，必須拿捏好分寸

你的懲罰不可抽離愛、認可和溫情，否則會引發深層的焦慮或壓力。你無須用威嚇來換取孩子的尊重，當然也沒必要姑息孩子。如果孩子大哭，這表示你懲罰過度，方法可能要軟化。如果孩子挑釁你，跟你唱反調，無法直視你，這表示你的說話語調和內容都要調整。你可以語氣溫柔，但是堅定和權威，你跟孩子必須事先講好不守規矩的懲罰。為了做得到位，你必須忍受孩子接受懲罰的任何情緒。我經常跟孩子說，我明白他們被剝奪的感受，我也很遺憾最後會走到這一步。我跟孩子講明了，我不喜歡懲罰人，但是這關乎信

任。他們必須向我證明，讓我相信他們會聽話。

我知道你可能試過類似的建議，但孩子隔天、下週或下個月還是再犯了，讓你心灰意冷。這不表示你的方法無效，而是孩子的腦部發育不全。除非孩子的神經發育異常，或者有潛在的問題導致他難以集中注意力、控制衝動、發揮同理心或自我調節，否則只要給孩子足夠的時間，父母暫時保持冷靜，方法終會奏效，這絕對值得你耐心等待。如果你跟孩子之間有深厚的關係和溫情，這種規訓技巧不僅會更有效，還不會產生副作用，也不會傷害孩子的自我意識，以及你跟孩子的親子關係。

培養以右腦為主的開放覺察

根據先驅科學家亞蘭・斯霍勒（Allan Schore）絕妙的研究，右腦無須透過言語分析或對話，即可私下完成無意識的理解。這種內隱情緒系統是在幼年培養的。斯霍勒認為：「如果嬰兒在兩歲以前，獲得該有的珍惜、安撫、刺激和尊重，也受到父母同調的情緒回應，右腦（跟關係、情緒、社會和身體有關）就會變成健康的調節閥，來抗衡左腦個人本位的衝動。」這種發自內心、互惠、同步的愛，能夠激發其他關鍵能力，包括創造力、好奇心、喜悅和興奮，進而影響孩子去發現生命的意義。

斯霍勒參考唐納・威尼柯特（Donald Winnicott）的研究，認為母愛有兩種展現方式，

當你達到這個狀態，你自己會感覺到，因為當下你心無旁騖，心跳和呼吸會變得彈性而放鬆，你說話的時候會直視孩子的雙眼，你的語氣會比忙碌的時候更溫柔。這個感覺是輕鬆自在的，你會感同身受，自然複誦對方說的話，而不是照本宣科來假裝同理。一個真正感同身受的連結，不是因為你說了該說的話，做了該做的事，更何況你壓力大又忙碌，沒心思跟自己身體同步的時候，你跟孩子的連結也會缺乏流動。

我猜現代人都太忙了，不太可能按下暫停鍵，讓自己靜下來，建立以右腦為基礎的連結吧？大家不太能理解，為什麼這種連結只會發生在無所求的狀態下。有時候我只是坐在沙發，刻意放下我該做的事情和念頭（別忘了這需要練習！），真希望我可以多做這樣的事。我只是坐下來，看著孩子，放鬆臉部肌肉，讓緊繃遠離我。我刻意忘記流理台還有碗盤要洗，晚餐時間有食物掉在地上，孩子隔天上學該準備的東西，或者信箱裡尚未回覆的郵件。我專心坐著，安靜沉著，讓自己享受「當下」。這感覺很棒，富含正能量，我好像磁鐵一般，把孩子吸引到我身邊。孩子慢慢靠過來，依偎在我身旁，全身放鬆。孩子會開始告訴我當天發生的事情。我感覺他們也沉浸在開放而平靜的感受，因為這正是他們需要的。有趣的是，當我的身體緊繃，腦子轉個不停，就算我看似安靜坐在沙發，孩子也不會主動靠過來，可見孩子會判斷適當的時機。

有些人在童年根本沒體會過，什麼是有慈悲心的同調教養，所以後來跟孩子相處，都無法真正的放鬆，跟孩子建立這種連結。這本書主要是幫助父母親從原本的「防衛壓力」模式，甚至是「成就喜悅」模式，切換成「平靜連結」模式，這有賴右腦來創造腦部和身體的連結，後面幾章再來詳述。這本書會教大家如何達到這個狀態，當你懂得覺察和安撫你的身心狀態，教養會更輕鬆自然。唯有奠定良好的基礎，你才能夠施展教養工具和技巧達到行為管理的結果。

接下來幾章，我會介紹頭腦如何調節情緒，以及孩子跟父母相處的感受。如果父母有好好調節情緒，孩子會願意坦承錯誤，尊重父母訂下的規矩，也會影響孩子聽話的態度，但我最推崇的還是連結，不僅會達成我們期望的結果，連結本身就很重要。

正念練習03 ● 連結你的右腦，讓自己慢下來（八分鐘）

為了接收頭腦的訊息，幫助你做好教養這件事，你必須花時間讓頭腦靜下來，跟右腦建立連結。有些人做起來特別困難，但只要堅持定期練習，你會開始見識到好處。這個練習要定時八分鐘。

❶ 坐在安靜的地方，深吸一口氣，延展你的肋骨和上背。現在呼氣，舒緩上半身的緊繃。我們重複做幾次。

❷ 現在吸氣和呼氣都要保持緩慢而放鬆。試著拉長你的呼氣，拉得比吸氣更長。

❸ 想像你透過每一次呼吸，把更多溫柔和慈悲帶入腦部和身體。

❹ 現在吸氣，把氣息灌注到眉心，也就是前額的左右兩側。吸氣的時候，把所有的注意力都放在眉心。

❺ 呼氣的時候，把注意力放在右眼上方的腦區，盡量把注意力帶得遠一點，直到你頭腦的右手邊，你脊髓的上方，盡量把氣息傳送到這個區域，繼續拉長你的呼氣，試著連結你的身體和腦部。

❻ 等到你連續做了幾分鐘，試著在呼氣和吸氣之間停頓二至三秒。

❼ 呼吸的時候，放鬆你臉部的肌肉，尤其是你眼睛和嘴巴周圍的小肌肉，讓臉部真正放鬆。

❽ 現在把氣息帶到腦部和頭部，包括你的臉，試著放慢呼吸，感受平靜。如果你對於孩子的行為有一點灰心或困惑，試著觀想孩子的臉，自問幾個問題。「怎樣才是合理和平衡的教養方式呢？」你可能找不到答案，但試著聆聽你的直覺，發揮你與生俱來的內在智慧。

❾ 覺察你練習過程中有什麼感受。你能夠把身心安定下來，放慢你的呼吸嗎？你會覺得煩躁或試圖抗拒嗎？還是你覺得放鬆平靜呢？

❿ 試著每天練習，或者嘗試其他正念練習，學會不評價，讓頭腦和身體建立連結。

反思

接下來幾天，花時間覺察你跟孩子說話的速度有多快，尤其是你制止孩子的時候，或者你心裡有煩惱，非常忙碌的時候。

- 注意你有沒有直視孩子的眼睛，尤其是你心煩或沮喪，懷抱負面情緒的時候。你制止孩子時，有沒有看著孩子的眼睛，覺察孩子的感受呢？
- 你跟孩子相處的時候，什麼情況會讓你特別失控想批評？
- 你有沒有經常直接或間接的，給孩子評價、貼標籤或批評？
- 試著不評價，只要展現接納和好奇心，看看情況有什麼不同。

左腦只顧著「活動」和「評價」，而右腦會帶來「同在」的狀態，讓我們專注於感受、連結和接納。心連心的連結，源自於平靜開放的狀態，無論發生什麼事情，都不去評價，也不去強求。我們必須學習平衡自己的注意力。

當我們開始內化對孩子的特定想法，認為孩子「應該」有什麼行為，我們就開始評價了，開始跟其他孩子做比較，一旦不符合期待，就開始批評孩子。這些都會導致確認偏誤（只看見自己想看見的）。

我們經常把孩子的行為無限上綱，說成這個孩子的人格特質，或者把孩子的未來說死，這些都會影響孩子的自我觀感。當孩子覺得被批評和被誤解，就會開始生氣憤恨，跟父母漸行漸遠，再也不願意聽父母說話，也不想討父母歡心，這時候教養就會觸礁。

我們要求孩子遵守的社會規範，主要是為了體貼身邊的人，讓大家可以相處愉快，但如果堅持孩子一定要守規矩，不自覺就忘記孩子也是會犯錯的凡人，孩子的腦部仍發育不全。我們必須協助孩子理解規矩背後的原因，以及不守規矩的後果，例如別人會怎麼想。孩子守不守規矩，其實是一種個人選擇，做選擇就要承擔後果。

我們難免會使用正增強的手段，例如獎勵貼紙，尤其是面對小小孩，但不要依賴這些手段。

如果你要懲罰孩子，千萬不要孤立孩子（把他趕走），或者過度羞辱孩子。如果你的懲罰是剝奪孩子喜愛的事物，記得要跟他做錯事的嚴重程度成正比，你還要讓孩子明白，你不是要傷害他或報復他。你答應給孩子獎勵之前，也必須跟孩子解釋清楚，你是相信他會守規矩和遵守界線。

孩子最需要從父母身上獲得的，其實是以右腦為主的開放、溫情、接納和同理，同時還有以左腦為主的權威、規矩、期待和務實解決方案。當你跟孩子建立了連結，自然會以合理平衡的方式管束孩子。

第5章

為連結而教，先認識情緒為何物

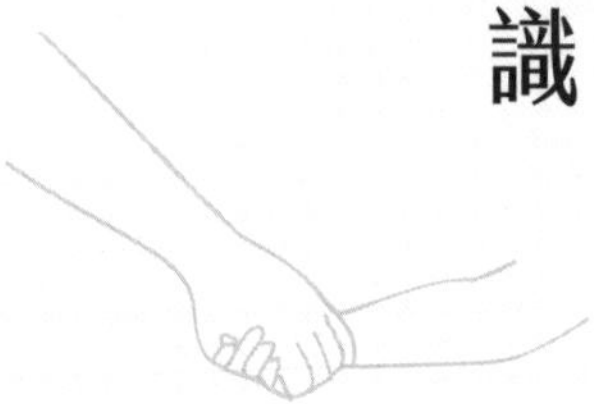

前面幾章提到，人與人之間的連結，尤其是最能夠串起親子的同步深度連結，特別仰賴三種狀態，分別是開放覺察、情緒調節和情緒安全。我簡單介紹過人腦的垂直分層和左右腦，左右腦對周圍世界的注意力不同，而現代人運用左右腦越來越失衡了。

心連心教養，需要整合左右腦，以右腦為主，強調同在、同理和接納，以左腦為輔，建立必要的規矩、系統和界限，以便大人來引導小孩的行為。這一章會介紹連結的第二個條件：情緒調節。我們會認識情緒為何物，介紹基礎的情緒調節，第六章還有更深入的介紹。

情緒有傳染力，你的情緒狀態對孩子的情緒狀態影響很大，反之亦然。更重要的是，雖然你有能力平撫情緒，恢復內在平衡，但是孩子培養這個能力需要時間，所以需要你的幫忙。你的情緒調節能力好壞，攸關孩子自我調節迴路的發育情況，也決定孩子如何處理人生中的情緒和關係。我希望你讀完這些章節，也開始相信情緒調節能力會影響教養風格，攸關你孩子的人生幸福。

你的教養風格受到頭腦的影響

腦部特定區域會決定我們的教養方式，包括我們對孩子的感受和反應，這些反應會互相影響孩子的心智和行為。誠如休斯和貝林（Hughes and Baylin）所言，如果大人有無條件愛人的能力，樂於跟小孩相處，把注意力放在小孩身上，也願意深入了解小孩，小孩就會在互動的過程中，促進腦部蓬勃發展。簡單來說，父母腦部的健康永遠是最重要的，攸關親子關係和孩子腦部發育。如果你想要促進孩子的心智和情緒健康，就必須從你自己身上做起，尤其是你能不能在當下覺察並調節情緒、想法和行動。

情緒調節對教養很重要，主要有幾個原因，我會在這一章說明清楚。其中最重要的原因莫過於小孩尚未發展情緒調節能力之前，要仰賴父母親幫忙調節情緒反應，稱為**情緒共同調節**（coregulation）。親子情緒共同調節的方式，會形塑孩子未來的頭腦、心智和人際關係，畢竟人腦本來就會隨著經驗而形塑和調適。這種親子情緒共同調節不是與生俱來的本能，所以比想像更難做到，怪不得大家經常受到童年經驗影響，不自覺防衛心重、控制心強、憤怒焦慮，而非一如我們預期，在孩子面前表現出平衡、平靜和溫暖的樣子。

孩子無意間會模仿我們對人事物的情緒反應，因此要轉化孩子的情緒，有時候最簡單的方法是從大人下手，先改變或管控大人自己當下的感受。不過，我還是要再三強調，這並非靠言語或行為來達成，就算你對孩子讀的書、做的事和說的話都沒錯，但孩子真正會銘記在心和有所回應的，其實是你身體和神經系統的內在狀態，稱為**情緒感染力**。情緒感染很符合人類的本能，自然而然就發生了，導致一群人或兩個人的情緒，透過神經共鳴（neural resonance）而產生同步。當孩子看到你臉上的情緒表情，便會發射他腦內類似的神經元，導致他有類似的情緒。這就是同理心背後的機制。然而，我們還會透過其他機制，調解彼此的心跳和呼吸等內在狀態，我在後面章節會介紹。

這種右腦為主的直覺內隱過程很強大，不自覺就發生了。孩子對非言語的情緒訊息又特別敏銳，大人稍微改變講話的語調，不經意改變臉部表情，都可能影響小孩的壓力指數。小孩會去感知和回應大人的內在情緒狀態，而且多半透過行為反射出來。為了共同調節孩子的反應，我們做父母的必須學習覺察、理解和處理自己身體和神經系統的感知，因為這些才是我們跟孩子溝通的語言，雖然不靠言傳，卻十分強大。既然情緒這麼有影響力，會決定個人的自我觀感、關係和對事物的反應，那我們就從情緒開始說起吧！

何謂情緒

大家想必都知道情緒是什麼，但是要說出定義卻出奇困難，就連專家對情緒的定義也莫衷一是。情緒是個人面對內外環境影響，而產生的生理狀態反應，身體和腦部會有一連串生理變化，導致語調上揚或壓低，並且促使我們採取行動。

情緒主要是身體和腦部狀態的變化

最初的情緒，只是你頭腦偵測到訊號而產生的反應。情緒觸發點可能是周圍的人事物，或者你自己突然想到的事情，例如念頭。情緒反應大多源自我們沒察覺的事物。情緒通常會改變心跳、呼吸、肌肉緊繃程度、臉部表情、眼神、語調、荷爾蒙、神經傳導物質、注意力和一般神經系統功能，這些反應通常不是我們能控制的；但是有些覺察得到，像是當你生氣的時候，心跳會加速，呼吸會變淺，肌肉會緊繃，眼角會上揚，嘴唇會噘起。這也會連帶啟動部分腦區，改變你的腦袋，釋放出特殊的神經傳導物質，把你切換到「戰鬥」模式。

不管你有沒有注意到，這些內在狀態變化再怎麼細微，都可能促使你採取行動，比方任何一點風吹草動就很敏感，或者對周圍發生的一切漠不關心。事實上，即便情緒反應開始擴大，你仍有可能刻意控制內在狀態的變化，但前提是你腦部有關情緒調節的區域，彼此之間必須有適當的連結，這會是第六章的主要內容。雖然是在幼年時期建立這些迴路，但還好我們長大成人以後，仍有可能改善自己的情緒調節能力。

情緒經驗牽涉到三大要素

情緒經驗關乎了身體感官、感受和認知。身體感官是身體和腦部的生理變化，包含心跳、呼吸、肌肉緊繃程度和身體分泌的各種物質，這些會帶給你各種感受，舉凡刺痛和緊張。等到情緒開始帶來一系列生理變化，便會在腦部和心智受到感知、記錄和詮釋，也就是神經科學家安東尼歐·達馬吉歐（Antonio Damasio）所謂的**感受**（feeling）。感受是個人對情緒有意識的心智體驗，例如：恐懼、焦慮、興奮、羞恥、焦躁、恐怖、驚奇、喜悅、失望、厭惡等。

這些意象和想法，源自情緒對我們的意義。它來自一種心理習慣，如你的信念與態度，這種習慣的養成是來自你個人或世界的集體記憶，在過去曾經歷了相同的情緒經驗。記住了！我們的想法和詮釋不一定有事實根據，但至少是每個人獨有的。以孩子來說，孩子會有身體感知，但可能要到年紀大一點，才會明白自己的感受。如果孩子不到兩歲，根本不可能對情緒有任何想法，但年紀漸長就會有這個能力了。

舉例來說，如果有人插隊，你剛好在趕時間，你的情緒經驗可能會這樣開展：

身體感官——肩膀和下半臉的肌肉緊繃，嘴唇噘起，心跳稍微上揚，呼吸稍微加速。

感受——焦躁和擔憂。

認知——「不公平啦，有人就是沒規矩！我一定會遲到。」

這些關於別人不守規矩的想法，會連結到焦躁的感受，並且開始聯想到自己可能會遲到，因而心生擔憂。

我再舉個例子，說明孩子為什麼會有羞愧的情緒。當孩子遭受批評，或者遭到粗魯無禮的對待，身體會先有不舒服的感受，尤其是心臟和腸胃，心跳也會突然下降，再來是感到羞愧。不過，孩子知不知道自己感到羞愧，仍取決於孩子的年紀。

這些感官可能讓孩子有下列反應：他可能想要轉移目光或閉上眼睛，對周圍的情況漠不關心（冷漠），或者基於自我防衛而動手或動口（戰鬥），再不然就是哭泣或逃走（逃跑）。如果沒有人幫助他管控這些痛苦的感官和感受，他會為那段經驗加諸負面意義，可能是一堆他自己沒意識到的想法，圍繞著「我是壞孩子」、「我不夠好」或「我沒有價值」。這整段經歷融合了意象、身體感官、感受和想法，逐漸根植於孩子的記憶系統，未來他再遭受批評，或者感覺自己快要被批評了，都可能引發類似的反應。這些記憶以「感覺」的形式存在著，絕非能輕易說出口的記憶描述。久而久之，這些記憶會變成揮之不去的自我意識，卻不是我們能夠輕易覺察和說出口的，除非你有良好的自我反思習慣。

情緒改變了我們對事物的看法

情緒會形塑和組織我們的經驗，比方情緒會改變我們的反應，正因為如此，情緒會影響感知、記憶、注意力和各種認知功能。換句話說，情緒反應會影響我們怎麼去關注、去思考和去反應。你根深蒂固的情緒狀態，會指引你用特定的方式回應孩子。我打個比方，你壓力大或焦慮的時候，一點芝麻小事，例如孩子向你提問，你都會覺得孩子在打擾你的心理空間。反之，如果你處於放鬆知足的狀態，搞不好會覺得孩子的問題很好，象徵他有旺盛的求知慾，你會為了獎勵他，給他一個明確有趣的答案。

各種情緒都有不同的生理特徵和觸發點

情緒分很多種，有正面也有負面，例如悲傷、憤怒、厭惡、恐懼、驚訝和高興，其中一些是大家都會有的情緒。每一種情緒都有各自的臉部和生理特徵，背後有特定的神經迴路在發揮作用。這些情緒不只有獨特的生理模式，也有不同的前導事件和觸發情境。每一種情緒都有大主題，有幾個情境特別會觸發某一種情緒，一旦情境跟核心主題越貼近，越可能會引發跟主題相關的情緒。

以憤怒為例，這通常跟目標沒有達成有關。知名心理學家保羅・艾克曼（Paul Ekman）專門做情緒研究，他認為憤怒情緒的主題，不外乎「有人打擾我們做某件事的意圖」。憤怒可能是在捍衛自我，例如：有人攻擊我們的生理或心理，讓我們十分惱怒。很多人面對批評或排斥，都會升起防衛心。就連小孩面對不公平的批評和對待，也會開始生氣唱反調，因為這跟他們原本的期待相違，他們本來希望受到關愛和支持。基本上，憤怒可能是防衛反應，例如：有人干擾我們達成目標，或者感受到生理或情緒受傷。當孩子發現有人阻止他做事情，或者得不到他想要的東西，經常有強烈的沮喪和憤怒（可怕的脾氣！）。這不表示孩子「壞」、「調皮」或「失控」，反之孩子只是在承受不如己意的失望和沮喪情緒而已，這時候孩子會需要你的幫助，學習該如何安定自己。

情緒可能排山倒海而來

雖然情緒有各自的觸發點和模式，但是不一定會單獨發生，可能會一次出現多種情緒，比方憤怒可能跟恐懼和悲傷一起發生。當感官如此的強烈，你會更難保持平靜和理智，2011 年有一分研究探討孩子發脾氣會發出的聲音，證實**憤怒**（尖叫和大吼）和**悲傷**（哭泣、哀訴、發牢騷）的情緒會此起彼落，讓人感覺同時發生憤怒和悲傷的聲音。這份研究發人深省，否則大家總以為發脾氣只是在生氣，但事實上夾雜著悲傷，既然父母沒有覺察到悲傷的情緒，便無法做出適當的處置。由此可見，我們內在的感受，外在的表現，以及別人對我們情緒賦予的意義，似乎有著明顯的斷裂。身為父母的我們會帶入自己的詮釋，通常是依照自己的情緒狀態、信念和期待去理解孩子的情緒。既然這個過程有瑕疵，便不可能輕易看穿表象，還有可能「輕易下結論」，導致親子關係破裂。

情緒跟心情不一樣

情緒跟心情不一樣，情緒往往是暫時的，心情多半會持續較長的時間，例如焦躁的情緒可能只出現一次，但如果你在一段時間裡，反覆經歷焦躁的情緒，大概就是有焦躁的心情。情緒通常只維持幾秒鐘到幾分鐘，但有些情緒，像是悲傷，可能是一連串波動，延續較長的時間。心情會受到飢餓、睡眠不足和睡眠品質、營養、負面人生事件和其他因素影響。當你懷抱特定的心情，也可能會引發特定的情緒。

我們當父母的想必很清楚，心情會影響我們的情緒反應。我舉個例子，平常睡眠不足，可能只是少睡幾小時，我的心情就會急躁不安，導致我對孩子的包容度降低，一下子就對他們的行為做出負面詮釋，但我明明可以更有同情心一點。如果我透過練習和冥想，先穩定我自己的心情，我對孩子會更敞開心胸，更願意展現溫情和接納，即使他們在吵架或做我「受不了」的事情。換句話說，我當下的感受會影響我對他們行為的詮釋，進而改變我對行為的反應。

情緒處理主要是在右腦完成

我們現在知道了，情緒先是頭腦和身體的一系列生理變化，然後在腦部完成感知和標示，進而產生感受。大家別忘了，唯獨右腦跟身體感官有關，主要功能是處理情緒。誠如丹尼爾・希爾（Daniel Hill）所言：「右腦主要初步處理無意識的情緒，左腦主要後續處理有意識的情緒，所以任何情感（情緒）資訊都是先在右腦處理。」這段話對於教養的意義重大，可見我們對孩子的反應，大多受到我們童年經驗的莫大影響，右腦會私自理解親子間發生的大小事。

一些父母習慣用左腦反應。第三章提過左腦看事情經常添油加醋，為了自己好，只接收自己想知道和想聽的。舉例來說，如果你認為人就是心機重、愛算計，當你看到孩子不守規矩，便覺得孩子在反抗你，完全不會想到孩子是腦部發育不全，無法做出最適當的回應。換句話說，你不會敞開心胸接受事情原貌，用心觀察孩子和產生同理心，反之你會自行理解他們行為背後的原因，而後開始發火或灰心喪氣。但如果右腦太發達，左右腦缺乏整合，可能有滿滿的同理心，孩子一不舒服，你就焦慮不已。

第五章和後面幾章，將深入探討科學原理，先教大家從生理層面調節情緒，再來才是認知層面，例如想法、信念、詮釋和分析。我們必須先發揮右腦內隱的情緒處理機制，唯有如此才會有直覺和同理心，進而建立連結和健全的關係。

此外，右腦連結身體和神經系統，有關情緒調節的初步控制迴路也是在右腦。值得注意的是，這種連結無法靠讀書、思考或行為獲得，而是有賴開放覺察和情緒調節。你必須學會在身體感受它，處理它。誠如達馬吉歐所言：「情緒是身體小劇場的主角。」

什麼是情緒調節？

想像你要在管絃樂隊表演，樂手只知道要來演奏樂器，卻不知道要演奏什麼曲目。當指揮舉起手，每個人就開始演奏，絲毫不協調的音符糾結在一起，聽起來超級刺耳，觀眾奪門而出，一片混亂。這時候指揮也無用武之地，因為他不知道每個人在彈奏什麼，根本不可能居中協調。

現在靜下來想一想，如果管絃樂團彈奏同一條曲目呢？雖然每個樂器彈奏不同的音符，但是曲調和節奏有所共鳴，只要樂手彼此同步，再複雜的曲目也會變得簡單。情緒調節反應牽涉到頭腦、心智和身體的情緒迴路和諧合作，猶如管絃樂團的樂手。一旦失調，便會四分五裂和亂七八糟。什麼是情緒調節呢？人體是如何完成這種精密的協調過程呢？

你如何調節情緒呢？

當你面對艱難的挑戰，你相信自己能夠度過難關嗎？還是說，你開始崩潰呢？可能會過度表達情緒，也可能會刻意壓抑情緒。你能夠接受自己情緒高漲，有一堆強烈或負面的情緒嗎？還是你傾向用忙碌、喜悅、否認等機制來防堵情緒，刻意不覺察？你能夠坦承、包容和反思自己和別人的強烈負面情緒，例如憤怒、悲傷、羞恥、失望和脆弱，不急著改善情況或驅趕情緒嗎？

你可能頓時答不出來，但其實都有跡可循，不妨注意你平常體驗的情緒有多麼多元，是不是正面和負面情緒都有，你便知道你習慣壓抑情緒還是發洩情緒。如果你覺察自己正受到情緒影響，但身體感受尚未失控（說到身體感受，比方當你看著孩子或另一半的臉，心頭開始灼熱擴張，腸胃有點緊張，胸口和喉嚨因為心煩而緊繃），你至少有基本的情緒調節基礎。這些問題的答案，可以讓你評估自己的情緒調節能力。但是到底什麼是情緒調節呢？

情緒調節意指你遇到任何事，都能夠做出有建設性和彈性的回應，產生適當的情緒，情緒的強度也是你可以處理和容忍的範圍，完全不會反應過度。

情緒調節的階段

良好的情緒調節包含好幾個階段和策略。我在這裡列出跟教養最有關的元素：

1. 覺察情緒和接納情緒

這是在覺察身心的情緒和感受，不做任何評價，也不急著關閉或處理情緒。當我們面對初步的情緒，不急著發出焦慮等次級的情緒。然而，有些人面對情緒，反而會急著逃避，包括主動躲開、否認和壓制情緒，研究發現這些都於事無補，甚至會加深負面情緒。

2. 舒緩情緒

這是在安撫或支配我們內在情緒的生理感官，例如放慢心跳、放鬆肌肉緊繃，通常要懂得安撫和善待自己。這個階段會跟第一階段同時完成。

3. 反思情緒

這需要挑戰扭曲的思考模式，以免沉浸於無濟於事的情緒（例如自我批判、災難性思考、欠缺事實和邏輯的思考模式），這也牽涉到解決問題，找出這些無謂情緒的潛在原因。我在後面幾章會示範用健康的方式反思情緒的方法。

4. 採取行動來處理情緒

這包括避免轉移注意力，向別人尋求協助和安慰，主動找當事人分享你內心的感受，設定計畫時程表，跟別人道歉，或者其他可以調節情緒的行為。大家記住了，轉移注意力可能有效，但前提是已經覺察並接納自己的感受，而非單純逃避。

我們情緒反應的處理能力好不好，取決於我們腦部迴路發育健不健全，這是健康情緒調節的基礎。我們現在知道了，一到三歲孩童的情緒自我調節能力，取決於母嬰互動的方式和品質（我之所以說母嬰互動，是因為嬰兒在最小的時候，還是跟媽媽互動的頻率最高）。我們調節情緒大致會有規律，尤其是我們和他人的關係，但別忘了情緒調節能力也會受人生大事或暫時狀態影響（例如疲憊和壓力）。

無論父母或小孩都需要情緒調節力，這對於人際關係至關重要，也攸關我們自身的成就、韌性和幸福。我們探討情緒調節對教養的重要性之前，最好花幾分鐘先釐清何謂平衡的情緒調節。你閱讀接下來幾個章節，忍不住會批判自己的情緒調節能力，但是請對自己保持慈悲心，也對父母保持慈悲心。我建議大家記著心理學家保羅•吉伯特（Paul Gilbert）提出的慈悲心箴言，他花了數十年研究慈悲心的科學。他說，我們都有盡力發揮自己的腦力，畢竟這會受到我們無法選擇的童年經驗影響，父母也是如此。

大家也記住了，我們擁有神經可塑性，能夠改變和重塑我們和孩子的迴路。我自己曾經因為童年創傷，自我情緒調節能力不太穩定，後來才懂得用平靜、溫暖和平衡的方式教養孩子，當然我也不是一直都很穩定，但至少大部分時間都算穩定。因此，你閱讀後面幾章，千萬不要有罪惡感，焦慮、自我批評或否認，而是試著接納我們知道的真相，參考神經科學和親子依附理論，一旦發現對你和孩子最好的建議，再承諾做出改變。

正念練習04・培養情緒調節的能力（八分鐘）

這項練習會幫助你培養覺察和舒緩情緒的能力。你開始練習之前，先把所有步驟讀過一遍，搞清楚你待會要做什麼。你也可以去 Soundcloud 聆聽我錄製的聲音檔。（中文版見P.320）你可能會覺得有的步驟很奇怪，但請試著敞開心胸，盡量去完成。我這些練習都有科學根據，參考知名科學家和從業人員所建議的技巧。我的呼吸練習大多要求吸氣時，把注意力放在前額，也就是盡量專注的意思。無論吸氣或呼氣，都是鼻吸鼻吐。

先找到安靜的空間，以免分心或受到打擾，定時八分鐘。身體挺直坐著，保持舒適的坐姿，雙腿和雙手舒服地放下來，不要交叉。你可以閉上雙眼，讓自己專注於身體。花幾分鐘吸氣和呼氣，覺察自己，以及自己的任何內在感官。

❶ 放鬆：深吸一口氣，把氣息集中到前額的中央處，然後吐光身體所有的氣。呼氣的時候，身體保持柔軟放鬆。吸氣的時候，腹部和上背隨著呼吸擴張。呼氣盡量加深，以你舒服的程度為主，不然太拼命反而讓身體更緊繃。這部分要持

續5分鐘以上。

❷ 調心：現在繼續把氣吸到前額，但呼氣的時候，把注意力放在你的心以及周圍區域。全心全意關注你的心及其感官，單純覺察就好，不要去評價。重複三到五分鐘或更長的時間。

❸ 覺察：把注意力延伸到腹部和腸胃，覺察你是放鬆還是緊繃。呼氣的時候，注意你的上半身，彷彿你的氣息從前額流動到心和腸胃。

❹ 放軟、放慢、放緩你的內在狀態：試試看你能不能運用呼吸來放軟和放鬆身體，一路從臉部放鬆到腸胃。當你把氣息呼到心臟和腹部，記得要逐漸放慢和加深，直到快要沒有氣為止。可是不要搞得很緊繃，這是透過有意識地放慢呼吸，達到放鬆肌肉緊繃的目的。試著讓各種感官自然發生，不要刻意去關閉或反應，甚至去評價和貼標籤。記住了，情緒就像海浪一樣會潮起潮落，就讓情緒自然過去吧。

❺ 呼氣的時候，把溫柔和溫暖帶入心臟周圍的區域，進而紓緩和平靜你的內在狀態。隨時注意你的感受，再適時調整。

❻ 這個練習盡量定時做，你也知道神經可塑性有賴反覆練習。你越是認真做本書的練習，你會覺得越簡單，越來越樂在其中，從中獲益。

重點整理

當我們能夠有效調節情緒，我們和孩子的頭腦就可以共同調節，以面對孩子情緒失調的狀態。孩子要等到大一點，才會有良好的情緒自我調節力，否則很容易情緒崩潰，尤其是在青少年階段。

每個人的神經系統都內建一種快速無意識的能力，能夠解讀別人的內在情緒狀態。這就是為什麼情緒有感染力，因此你的情緒狀態會影響孩子的情緒狀態。孩子很會解讀非言語的訊息，例如照顧者對他們的情緒反應。

情緒是因應內在或外在刺激，而有內在生理狀態的改變，可能是你心裡突然想起什麼，或者你不經意察覺別人的表情或語調變了。你身體和腦部的變化，都會促使你去回應情緒的觸發點。

情緒經驗有三大元素：（1）身體的生理感官；（2）感受（解釋腦部的感官並貼標籤）；（3）念頭以及伴隨而來的心智歷程。

情緒大多是在右腦處理，因為有關生理變化的資訊都是先傳到這裡，例如心跳、呼吸和肌肉緊繃。

情緒調節意指你帶著適當的情緒，情緒強度在你可以處理和容忍的範圍，你不會過度反應，可以有建設性和有彈性地回應事件。

良好的情緒調節力包含幾個元素：（1）覺察和接納情緒；（2）舒緩和平靜身體的情緒反應；（3）管控或質疑我們對於情緒的看法；（4）採取建設性的行動。如果你的情緒調節策略以否認和壓制等逃避作法為主，通常於事無補，甚至可能加深負面情緒。試著接納情緒，不強求，才是培養情緒韌性的好方法。

我們調節情緒的能力，取決於腦部和身體之間有沒有建立必要的迴路，但只要願意投入和按時練習，長期下來絕對會改善我們情緒調節的能力。

第6章

情緒調節和身心容納之窗

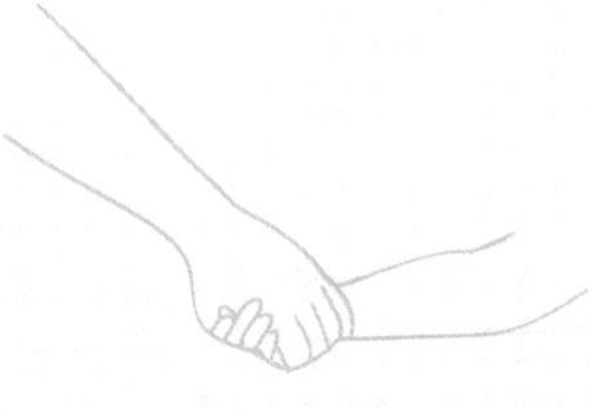

如果有健康的情緒調節能力，就能夠真實的感知、包容和舒緩情緒反應，進而改善你身處的情境。一開始，情緒調節跟生理有關，因為你要處理身體感官，控制情緒反應。當你把情緒調解做好，就能夠體驗你體內的感官，卻不會因為內在波動太大而崩潰。一個有情緒調節能力的人，自己會適當覺察、管控和回應情緒，還會區隔自己和別人的內在情緒，小孩可是做不到這件事。再來，也會肯定和容忍自己的情緒，不急著回應。更重要的是，懂得向別人求助，以便適當調節情緒，因為從先前的關係學到教訓，相信唯有尊重你自己的感受，別人才會尊重、肯定和舒緩你的感受。

當我們好好調節情緒，注意力、韌性和適應力都會在巔峰。當我們達到這個狀態，誠如丹尼爾‧希爾所言：「我們會保持覺察，心理資源任我們所用。」這很需要保持正念，無論有多麼不舒服的感受，都要有意識地回應、活在當下和專注，如此一來，即便感到壓力，也會有信心和韌性。這種韌性有別於興致一來的正向積極，那種正向積極只是對於情境和我們自己，懷抱著不切實際的過度樂觀思考。

如果我們無法好好調節情緒，通常會過猶不及，主要是因為情緒不舒坦，不知道該如何管控情緒，便無法回歸自然平衡狀態。大家記住了，我們怕的通常不是觸發情緒的情境，而是情緒反應帶來的不適。久而久之，我們會害怕自己的情緒，以及伴隨情緒而來的痛苦感官，因為我們怕這種「脆弱」和「失控」的感覺。以焦慮的情緒反應為例，我們心跳會加速，令人感到不安，於是升起第二層的焦慮。

健康的情緒調節需要身體覺知

情緒調節是右腦在主導，有賴身體覺知。丹尼爾・席格（Daniel Siegel）把這種能力稱為**內感受**（interoception），亦即覺察體內的狀態，以及身體各個部位的感官。我說的不是痛癢等感官，而是你神經系統活動的變化，以及你心臟和腸道發出的微妙訊號。人體器官、皮膚、肌肉和骨骼等部位，佈滿微小的受體，可以收集各部位的現況資訊，然後把資訊傳輸到腦部。有些人感知的資質就是比較好，反觀資質比較差的人，可能會對於內部的感受一無所知，這要看你某些腦區的功能健不健全，例如腦島，這個腦區專門勘查身體感官，確認訊號從哪裡發出來。

為了好好調節情緒，最好關注下列四項：

- 心跳，有沒有變快或變慢？
- 呼吸，有沒有放慢加深或加快變淺？
- 身體各部位的肌肉緊繃程度，尤其是臉部肌肉、心頭和胸口的周圍、頸部和腸胃。

• 腦部和身體的化學物質，例如：神經傳導物質，會導致體內各部位產生不同感官。

心連心教養，只會發生在身心還有餘裕的時候

席格創造的**身心容納之窗**（Window of Tolerance）的模型超適合解釋情緒調節。每個人一整天下來，神經系統活化都會有自然波動，端視我們當下正在參與或處理的事情而定。我們可能會感到積極有活力，或者放鬆平靜。你的身心容納之窗代表你可以忍受的生理（身體）活化範圍，也就是你不會失控的程度。當情緒不超過身心容納之窗的範圍，你會處於平靜但警覺的狀態，就算體驗各種強度的情緒，也不會崩潰。即便情緒過於激烈，快要逼近身心容納之窗的臨界點，也不一定會情緒失調，比方孩子慢條斯理的綁鞋帶，眼看快要遲到了，你可能覺得很沮喪，但是還不到生氣的程度，或者你感到極度焦躁，但還沒有不經意提高語調。

當情緒還在身心容納之窗的範圍內，你會**感受和處理**真實的情緒，絲毫不影響心智能力。你會保持覺察，活在當下，接納發生的一切，心思不會跳來跳去，心跳也不會太快或太慢。在這個狀態下，腦部各個有關情緒調節的區域，都會互相聯繫通力合作，包括分享

資訊和溝通，讓你無論遇到什麼事，都可以臨機應變。你會懂得區隔自己和別人的情緒，懂得換位思考。你的頭腦永遠很清楚，可以處理周圍發生的事情，一直勇於接納新資訊和可能性。你可能不這麼覺得，但情緒調節確實取決於你調節心跳和呼吸的能力，一旦身體反應調整好，自然會保持「理性」思考。

另一方面，無論你有沒有察覺，當伴隨心理活動（思考、解釋和評斷）而來的身體感知把你淹沒了，你會超出身心容納之窗，開始變得無腦和心不在焉，以「自動駕駛模式」回應一切，而非有意識臨機應變，因此無法針對當下的情況做出最適合的調適，你要不是對潛在威脅過度警戒，要不就有點思慮不周和心不在焉，注意力不集中和冷漠，彷彿魂不附體似的，什麼事都看不清楚。你也可能講話速度快，沒有直視對方的雙眼，或者想要逃避自我感受，以及引發這些感受的情境。你也可能想要回歸內在平靜，一直想糾正引發你情緒的人或事。再不然，你會絲毫感覺不到情緒，幾乎是疏離和麻木，只想要遠離那些人和情境，讓自己感到「安全」和「完整」。

超出身心容納之窗，變得過度激發或過低激發

當生理激化程度（心跳、呼吸、肌肉緊繃和化學物質變化）超出能夠處理的範圍，即便人本來可以讓頭腦、心智和身體通力合作，發揮最佳專注力和韌性，最後也會導致各種迴路失靈的失調狀態，整個人動彈不得，完全無法思考、回應和建設性的學習。人天生習慣維持生理平衡狀態，一旦情緒狀態失調，就會渾身不舒服，小孩子會格外不舒服，於是想要宣洩情緒（有時候不是用建設性的方式），或者壓制情緒。

現在看一看左圖，當你超出身心容納之窗，神經系統活化程度**可能上調至過度激發**（hyper-arousal），或者下修至**過低激發**（hypo-arousal）。如果是過度激發，生理反應會過度激動，換句話說，你的身體感官，例如：呼吸、心跳和肌肉緊繃程度，都會開始升高和增強，直到你非常不舒服為止。從演化的觀點來看，這種高度活化狀態是在幫助人類適應環境，讓我們對掠食者發動攻擊，或者跑給掠食者追。然而，我們現在經歷的過度激發狀態，往往是反應過度，根本不需要如此高強度的生理活化。

另一方面，過低激發是在關閉和麻痺情緒，相當於凍結的狀態，心跳和呼吸都會放慢，身體感官也會鈍化和麻痺，直到缺乏感覺，無法對情境做出建設性的回應。大家注意了，這些都是在幾秒鐘之內發生的，當下根本不會發現。我們也可能在過度激發和過低激

發之間切換，端視觸發情境而定，也要看我們對特定情緒和整體情況的包容度。這個模型可以套用到正面和負面情緒，但負面情緒往往會激發更強烈的身體反應，所以更容易情緒失調。

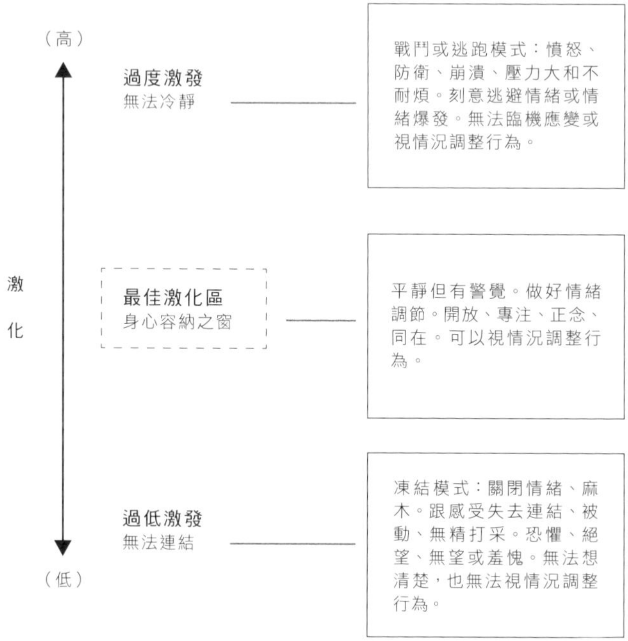
（高）
過度激發
無法冷靜
戰鬥或逃跑模式：憤怒、防衛、崩潰、壓力大和不耐煩。刻意逃避情緒或情緒爆發。無法臨機應變或視情況調整行為。
激化
最佳激化區
身心容納之窗
平靜但有警覺。做好情緒調節。開放、專注、正念、同在。可以視情況調整行為。
過低激發
無法連結
凍結模式：關閉情緒、麻木。跟感受失去連結、被動、無精打采。恐懼、絕望、無望或羞愧。無法想清楚，也無法視情況調整行為。
（低）

▲ 身心容納之窗，改編自佩特・歐登（Pat Ogden）和費雪的感官動能心理治療（Sensorimotor Psychotherapy）

何謂過度激發？

簡單來說，過度激發是情緒反應飆升，通常想做事情來緩解不適。憤怒、恐慌、焦慮、慌亂、興奮、期待、痛苦和困窘，都可能會導致過度激發。當觸發點對你的威脅性夠高，「戰鬥或逃跑」反應會佔上風，基於自我防衛，想要從言語或肢體反擊，或者逃開危險的事物。你可能難以放鬆，容易睡眠中斷，陷於防衛心強的焦慮狀態。你可能對於潛在的威脅高度警覺，導致過度警覺。有些人會設法做些事情，來紓解長期累積的情緒能量，例如講個不停、大叫、扭動身軀；有些人會直接避開人群，遠離觸發情緒反應的人事物。

當我們處於過度激發的狀態，為了宣洩情緒，可能把身邊的人當成出氣筒，把情緒發洩在別人身上，或者找人出氣，以排解體內累積的不舒服。有些人會反其道而行，開始離群索居，試圖阻絕情緒，把情緒封閉起來。無論是哪一種反應，都會切換到自動駕駛模式，人會變得輕率而衝動，無法透過直覺了解自己說的話對別人的影響。

我們當父母的人處於過度激發的狀態，通常會氣得大吼大叫，嚴厲制止孩子，甚至叫孩子「滾開」，我相信每個人都經歷過，當情緒反應飆升到某個地步，因而做出後悔莫及的事情！如果你遇到困境就立刻超出身心容納之窗，小孩子也會有樣學樣，開始不經意模仿你的情緒反應（除非你已經學會關閉痛苦的情緒）。小孩子會發現心理安全感急劇下滑，開始焦慮、害怕或身心不舒服。如果你的情緒反應還沒有太強烈，或者你只是剛超出身心容納之窗，小孩子只會覺得有一點點不舒服。一旦你的情緒反應飆升，小孩子絕對會感覺到，隨即超出身心容納之窗，這時候他會開始宣洩情緒，或者直接遠離你，以免被你的情緒波及。

如果你有健全的情緒調節迴路，基本上就能夠保持在身心容納之窗範圍內，就算不小心超出身心容納之窗，也能夠在合理的時間內恢復正常。你會快速平靜下來，讓孩子感到情緒安全和放鬆。如果你還會做後續處理，以溫暖的心跟孩子修補關係，這段插曲並不會留下永恆的傷疤。反之，如果你無法控制強烈的情緒，也不懂得自我反省，冷靜的時間也不夠快，甚至不懂得跟孩子修補關係和聊一聊，這件事就會根植在孩子內隱（非言語）的記憶系統中。如果反覆發生這種事，在孩子的潛意識深處就會留下成見，從此以後他會覺得情緒很可怕，不相信別人會協助他管理情緒。

過低激發是關係的絆腳石

過低激發會放慢心跳和生理活動，並且麻痺情緒反應，導致有靜止、崩潰、關閉的感受，特別容易發生在我們感到無力的時候，尤其是情境並非我們能夠抗拒或控制的範圍，便覺得自己無力阻止痛苦情緒的級聯反應。如果有一段期間無法控制或緩解過低激發，就可能感到無助，甚至會有**凍結**反應——心跳降到極低，人有可能昏迷或嘔吐，本人一點意識也沒有，彷彿行屍走肉。

這是從古代就有的生存機制，人類和爬蟲類都會這麼做。這對於適應環境很有幫助，我們會放慢生理過程，把代謝需求和耗能降到最低，只是到了現代，這種自我保護機制不一定有用，除非我們受到攻擊，不僅無力反擊，也無力逃離危險。過低激發狀態會導致心理學家所謂的**解離**（dissociation）——**刻意迴避**連結、情緒、自己的身體和感官。無聊、悲傷和羞恥的感受跟輕度至中度的過低激發有關；憂鬱、無望和自殺的感受則是比較重度的過低激發。

有過低激發傾向的人，不太會舒緩痛苦的感官和情緒，所以為了安全起見，就乾脆關閉並否認自己的感受。過低激發最容易發生在有創傷的人，或者情緒沒有獲得理解，也沒有獲得巧妙關懷處理的人身上。如果孩子經常覺得羞愧，老是被批評、被忽視或被忽略，尤其是情緒的層面，久而久之就會有過低激發的傾向，進而關閉內心，跟自己的身體感官解離。這是因為不懂得舒緩情緒，所以會開始害怕情緒。

當父母處於過低激發的狀態，就會有**離群**（detached）的特徵，無視自己或孩子的感受，眼神飄來飄去或面無表情，內心有一點麻痺，難以對別人發揮同理心，也很難對人事物付出關懷，通常會冷漠或不熱心（這些都是暫時的狀態），可能會有點疲憊，無精打采不想動。

從教養來看，過低激發或解離會有幾個跡象，包括缺乏眼神接觸，無法理解孩子的情緒需求和反應，也沒有興趣理解，跟孩子相處感覺不到喜悅和樂趣，或者只是想要離群索居，急欲跟孩子切斷關係。如果還很輕微，看起來只是缺乏溫度和情感聯繫，但如果很嚴重的話，就會嚴重疏忽孩子，不僅會忽視孩子的身體需求，例如：準備食物和帶孩子去上學，還有可能沒顧及孩子的內在情緒。

每個人都有習慣的情緒調節模式

有些人的身心容納之窗比較大，可以包容更強烈的情緒狀態，不太容易讓自己情緒失調。有些就像小孩子，身心容納之窗比較小，就連輕度至中度的情緒，也可能會招架不住。情緒調節模式仍有高低順位之分，一般來說，我們會先過度激發（戰鬥或逃跑），但如果超出容忍範圍，或者沒有緩解的跡象，就可能切換到過低激發（凍結）。你有多快超出身心容納之窗，端視許多因素而定，包括你情緒調節迴路的力量，你現在的情緒，你所處的情境，你當時的情緒門檻。這些都會隨著身體狀況改變，比方你的壓力有多大，你有多疲累。大家通常會在童年養成自己習慣的情緒調節策略，由腦部建立相應的情緒調節迴路。

我很多個案都習慣壓抑情緒，假裝「自己沒事」，但如果沒有解決或移除觸發點，個案又不瞭解自己的情緒狀態，不懂得舒緩情緒和求助的話，情緒恐怕會出乎意料地反撲。這是因為他們不承認和不包容自己的情緒反應，只會去壓抑它和否認它，但長期下來效果不怎麼好。畢竟當我們壓力大或有情緒的時候，身體會分泌化學物質，這些物質並不會自己消失，而是會持續在體內累積，逐漸逼近情緒爆發的臨界點。有些人知道自己的情緒處於過度激發狀態，卻無法自己排解痛苦，也不懂得跟別人求助，後來會覺得做什麼都無益，因而產生解離、關閉和失連，於是會覺得憂鬱或絕望，長期陷入過低激發。

健康情緒調節的特徵

健康的情緒調節必須具備下列特徵：

- 你所經歷的情緒，跟你所經歷的情境成正比。
- 你可以覺察和包容你的情緒強度，不陷入過度激發或過低激發，除非你面臨重大威脅，很自然會切換到「戰或逃」或「凍結」反應。
- 當你偶爾超出身心容納之窗（這是很自然的現象，人難免會如此），你會比別人更迅速恢復正常，這時候需要平靜和舒緩情緒，只不過有些過低激發，例如：感到無聊，反而不應該舒緩，而是應該設法提振。

- 你會立即反思自己的情緒，或者過不久就開始反思。
- 當你面對難熬的情緒，會適時尋求他人的協助或支持。

逃避和補償：無濟於事的策略

當我們無法忍受強烈的情緒，往往會發展不健康的策略，其中一些策略是逃避或補償，例如：你想逃避那些觸發可怕情緒的環境，或者你努力過了還是觸發情緒，你就乾脆（不經意）麻痺自己，不去注意情緒帶給你的感受，這兩種策略都是在逃避。

另一方面，當你面對不願承認的情緒，也可能出現補償心理，比方左腦所驅動的控制機制，會透過嚴格執行例行公事、運動和其他活動，一來提升自尊，二來避免令你不舒服的情緒。如果再極端一點，恐怕會為了調節情緒而嗑藥或酗酒，大概是習慣壓抑情緒，必須靠這樣來感覺自己活著，或者讓自己沈浸於享樂，進而麻痺情緒（可惜是沒用的）。有些父母親會不經意利用孩子來逃避自己某些情緒，例如：害怕自己做不到或做得不夠好，只好藉由孩子的成就，間接獲得自我的成就感，再不然就是害怕被排擠或被遺棄，因而過度依附孩子。嚴格的父母多半也是補償心態，因為要逃避不穩定和可怕的未知，只好用規矩控制孩子。

你的情緒調節能力，對孩子影響很大

如果想要有健康的情緒調節能力，先決條件是培養身體覺知，亦即在腦部和身體之間建立強大迴路，尤其是右腦。此外，我們也要懂得反思情緒和心智狀態，這要仰賴頭腦的前額葉皮質，亦即在前額後方。當我們超乎身心容納之窗，心智和情緒會失去彈性，做出當下不宜的反應，一整個亂無章法或不知變通。這些都是暫時的狀態，反覆發生在人際互動的過程中。有些人會馬上恢復正常，但也有人會持續一段時間。

無論哪一種狀態，你的同理心和問題解決能力都失靈了，你會開始心不在焉、莽莽撞撞、自我本位或冷漠。當情緒調節陷於過度激發和過低激發的狀態，會影響我們「活在當下」的方式，以及我們跟別人的互動。像這種自動駕駛模式，一不小心就刺傷孩子的心。當我們陷於自己的內在狀態，便無力覺察孩子的情緒，孩子便無法回歸內在平衡。當我們情緒失調，往往會負面解讀孩子的行為，而非提出合理和富有同情心的解釋，導致親子關係破裂。

孩子會感受你傳染給他的情緒

人與人的身體和頭腦天生習慣同步，我們會觀察對方臉部表情的小動作、語調和肌肉的緊繃程度，進而察覺自己內在狀態的小變化，所以情緒是會傳染的，我們會不自覺反射彼此的情緒。當你內心有強烈的情緒，會反映在你的臉部和身體肌肉上。在神不知鬼不覺之下，從自己的右腦傳到別人的右腦。孩子感受到父母的情緒後會有回應，例如心跳變快或變慢、肌肉放鬆或緊繃。孩子會隱隱感覺到，你有沒有真正放鬆，以及你是不是心不在焉。這種交流在幾毫秒內發生，完全不需要言傳。

肢體語言傳遞得很快，比言語系統更強烈，畢竟一直到了人類演化後期才出現言語。這種情緒感染或情緒同步發生得太快，一般人難以清楚意識到，也就無法預先管控，但仍然可以在發生後，自我覺察你對孩子說話的語調。如果孩子跟你相處時，經常面對你的情緒失控，便會形成固定的情緒調節模式，否則便無法安心跟你互動，比方孩子會開始封閉心房，或者老是纏著你，又或者放大情緒反應來跟你討拍。更糟糕的是，如果你情緒失控到了極限，孩子會把情緒反射回去給你，你就更難回歸身心容納之窗，猶如在逆流之中前行般困難。

孩子的回應反映出父母的內在狀態

當你陷於情緒失調的迴圈，經常要等到很嚴重才察覺，到時候你的情緒會直接反映在小孩的行為上。每次小孩開始愛頂嘴、愛批評、愛抱怨，或者有一點難教，我就回頭反省自己，果不其然，我的行程出一點問題，導致我心不在焉，忽略孩子。我可能睡眠不足，把所有事情一肩扛起，有時候正在忙，有時候擔心未來幾個禮拜的無數待辦事項。我本人不覺得有壓力，看似處理得宜，但身體會透露我隱藏的心思，正是這種隱而未顯的語言，讓孩子感到不對勁。

我回話有沒有花心思，我有沒有全然專心，這些從我的語調和講話速度就會看出端倪，比方我跟孩子相處時，盡量直視孩子的雙眼，把步調慢下來。只不過，父母通常是負面的變化，例如我對於孩子的言行，越看越不順眼。這會影響我如何去看待孩子的行為，影響我做出仁慈或負面的解讀，孩子絕對聽得出差異，譬如一句是：「你有時候會犯錯，但沒有關係」，另一句是：「你怎麼回事？怎麼那麼難教？為什麼不改變自己，讓我輕鬆一點，滾開啦，給我一些空間……」我自己是不會說出這種話，但只要父母脫口而出，無論情緒有多麼細微，孩子都能讀到壓力和憤恨，於是會對你漸行漸遠，升起防衛心，覺得羞愧和傷心。

這時候要試著放鬆，整合頭腦、心智和身體，這樣孩子跟你相處才會安心快樂。有時候我做得很好，我自己會感受到，因為教養會變成一件快樂不費力的事情，小孩的態度會更親切溫和，更願意守規矩和討我歡心。

小孩必須學習情緒管理，以建立健康的自我意識

無論外表再怎麼假裝，一個習慣壓抑情緒的人（要不是過度激發，因而忽略情緒；再不然就過低激發，因而心理解離），勢必有不健康的自我意識。如果無法感受或處理情緒，便無法透過直覺深度理解自己，只好仰賴左腦言語分析來處理情緒，但我之前說過這效果不好，因為左腦並無法真正感知跟身體以及周圍世界的連結。

一旦情緒沒有獲得感知、覺察和確認，我們便會仰賴外在因素來建立自尊或體會「我是誰」。我們的自我意識僅限於行為和思考，卻不包含感受。我們不清楚自己在乎什麼，什麼令自己真正開心，該如何滋養自己，以過著平衡的生活。當我們習慣壓抑情緒，或者處於過低激發的狀態，便無法覺察自我的感受，自然不明白這些感受所透露的意義，於是這輩子都缺乏內在指引，更可怕的是不知道自己缺了什麼。情緒是自我意識的基礎，所以才要看見孩子的情緒，並且適時處理。

孩子該如何調節情緒？

小孩不是天生就會調節情緒，在往後幾年才建立負責情緒調節的大腦迴路。小孩子的

身心容納之窗極小，只會簡單的情緒回應，例如：吸吮手指、眼不見為淨或大哭大鬧，要求照顧者來緩解他們的痛苦。小孩子也不會區分自己和別人的情緒，怪不得身邊的人發脾氣，小孩子會不由自主有情緒反應。小孩子容易情緒崩潰，一開始都是透過過度激發來宣洩，除非情況太危急了，小孩子才會陷入過低激發，進入凍結狀態。羞愧和脆弱之類的情緒光譜，都是特別難處理的情緒，例如：小孩子發現自己被排擠。腦部成像研究顯示，排擠會活化腦部的疼痛中樞，加上孩子還不會安撫痛苦的感受，怪不得會為了自保，因而壓抑情緒或找人出氣。

當孩子情緒失調，導致過度激發，孩子自我約束和控制的能力比不上大人，所以會怒罵別人、大吼大叫、亂丟東西或怒吼，這些都是腦部缺乏情緒調節迴路的緣故，只好這樣處理情緒。就連正面的情緒（例如興奮），孩子也可能招架不住，於是就立刻切換到戰或逃模式。

當孩子陷入中度至重度的過低激發，整個人會一動也不動，對於你說的話毫無反應，毫無臉部表情，眼神呆滯。小孩子特別受不了過低激發，例如無聊，尤其是哪裡也去不了，什麼事也做不了，這時候父母要做好調節，包括覺察孩子的情緒，給予孩子刺激，讓孩子回歸身心容納之窗。這不一定有立即處置的必要，但如果孩子因為缺乏刺激而情緒極度失調，凡是跟孩子情緒同調的父母，絕對會試著跟孩子互動。

我們必須記住，孩子不是故意惹惱你、打擾你或讓你丟臉（真的不是針對你），也不是故意要製造麻煩或不守規矩，而是要透過他們知道的方式來處理情緒。這就是為什麼孩子有情緒的時候（如果觸發點是在父母身上），父母情緒調節的能力會如此重要。你能不能成功調節孩子的情緒，攸關孩子心理的安全感，雖然這是看不見的過程，孩子卻感受得到。

有些孩子面對父母欠佳的情緒調節能力，自行發展出另一種策略。為了讓父母覺察他們的情緒，於是盡情發洩，甚至把情緒誇大，使一些小手段吸引注意，希望透過聲響，迫使父母來理解自己的情緒，協助自己安定下來。無論小孩往哪種方向發展，他們都開始有情緒崩潰的情況，再也無法回歸身心容納之窗，因而遁入過度激發或過低激發的狀態，長期就會習慣這樣管理情緒。

為什麼我們要停止使用言語？

左右腦決定我們的情緒調節模式。左腦偏好言語和系統分析，通常會在十六到十八歲發育，但是在這之前，小孩只好仰賴右腦非言語的情緒處理能力，這一點很重要！我們總是鼓勵孩子用言語表達情緒，但小孩仰賴右腦來處理情緒，鼓勵孩子把情緒化為文字，忘記情緒其實是具體的體驗，這是在跟自己的情緒斷裂，這麼做對孩子根本沒意義，只是讓大人輕鬆一點，因為大人無論經歷什麼，都習慣用左腦來理解和處理。下一個部分教大家鼓勵孩子去體驗情緒，別急著轉移情緒、解決問題和想辦法。

就連大人左腦發育較為健全，光憑左腦的理性言語分析，只足以調節輕微至中度的情緒狀態。無論左腦有多麼發達，一旦強烈的情緒超出身心容納之窗，就要換成右腦接手，因此我們要學會用非言語的方式處理情緒，讓情緒自然而然釋放。如果希望孩子懂得理性分析情緒，做好自我管理，絕對要讓孩子先在身體層次感受和包容情緒。把情緒化為文字，對於情緒管理的第二階段有用，也有其必要，但前提是先降低情緒強度，並且先安撫身體反應。這就是為什麼孩子要先接納情緒的身體反應，真正跟自己產生連結。

這不需要言語，只要給彼此安靜和空間，以及平靜放鬆的身體狀態。我們無須急著用言語、分析和安慰等工具，回應孩子的情緒爆發。如果我們處於右腦主導的開放連結模式，這些都會自然發生。這會一個是緩慢的過程，讓孩子學習自己先接納不舒服的情緒，等到你有空再來幫他舒緩情緒，或者移除情緒的觸發點。

我很後悔自己教養第一個小孩時，總是太快使用言語，太急著解決問題，我當時太有同理心，每次他情緒失調，我就急著安撫他，導致他根本沒機會學習接納輕微的低落。我以前太感同身受，跟他連結太深（喪失人我界線），只要預知他有可能會傷心，我就幫他阻斷這個可能性。

如何調節情緒？

我舉一個簡單的例子，解釋成人跟孩子調節情緒的方式。我上週在學校走廊碰到一個四歲小男孩，坐在地上輕聲的哭泣，說什麼就是不願意跟媽媽上車。那位媽媽當然會連哄帶騙，說出任何她想得到的正面肯定語，她外表看似平靜，但眼神看得出來心不在焉，顯然在想其他該做的事情，覺得這孩子在攪局。那小男孩有一個姊姊，開始煩躁起來，媽媽覺得情勢不妙，深怕會急轉直下。小男孩不願跟媽媽眼神接觸，也不願跟媽媽互動。他堅持坐在地上，像石頭一樣，一動也不動。我走過他身邊，停下來看看他，發現他有點冷漠，是一個欠缺照顧的孩子。他明顯超出身心容納之窗，需要有人協助他調節情緒。他媽媽跟我解釋，他不願意離開學校，是因為怕放暑假會想念學校的生活。

我停下來蹲在他身邊，看著他的眼睛，輕聲說：「你會傷心，是因為你真的很愛上學，你會想念學校，對不對？」我把溫暖和慈愛傳遞給他，盡量把語調放輕柔。他慢慢抬起頭看我，然後點點頭。他媽媽開始大聲激昂地說：「沒關係！沒多久就會回來了！」她很努力假裝正向和輕鬆，但根本沒對到他的感受，所以他沒反應。我把音調放得更柔，平靜地說：「你不想離開學校，是因為你在這裡很快樂吧。」他看著我的眼睛回答：「是啊。」我發現他不再哭泣了，逐漸回到當下。他終於開始回歸身心容納之窗，可以專心聽我說話了。我用輕鬆的口吻說：「幾個月很快就過了，你又有一整年上學的時間囉。」他沒有回我，直接站起身，拉起媽媽的手，跟媽媽一起走了。他從情緒失調到情緒協調，短短不到幾分鐘，幫助他恢復正常的不是我說話的內容，而是我說話的語調。他的內在狀態之所以會改變，是因為他被理解了，而且有情緒協調的大人陪在他身邊。他不是我的孩子，我看到他哭泣，不用擔心遲到或別人怎麼看，所以我做起來容易多了，但就算是自己的孩子也不無可能，雖然不是每次都成功，但久而久之會培養他們健康的情緒調節能力。

如何跟孩子一起有效地調節情緒？

情緒是人類與生俱來的一部分，無論情緒有多麼痛苦，都不是該害怕的東西，而是值得聆聽和回應的資訊來源。情緒會透露我們重視什麼，我們需要什麼，我們是誰，以及我們害怕什麼。但是記住了，覺察情緒並展現適度的同理心，絕非不是無條件接受情緒的源頭或後果。雖然情緒沒有對錯，但有些情緒表達方式對當下的情境有用，但有些確實於事無補。我們要讓孩子明白，他可以盡情感受自己的情緒，但不可以任意表達情緒，不顧慮對別人造成的影響。當我們教導孩子如何積極且適當地表達感受的情緒，他們會發展出真實的自我意識——肯定自身的需求、渴望、經驗和價值，相信必須跟別人分享。

當孩子學習如何體驗情緒和表達情緒，你其實可以透過兩個層面來影響他們，首先是你神經系統層次的內在感受，會透過肢體語言傳達給孩子，再來是你的言行。我們經常輕視孩子的情緒，因為我們用大人的標準看事情，有時候會沒耐心積極處理，就急著抹煞孩子的感受，也可能不太明白什麼是情緒，看到孩子有情緒就討厭。無論如何，父母不是天生就會同理孩子的情緒。這裡提供一些祕訣，當孩子有負面情緒，不妨回想這些提醒，記著**覺察、安撫和反思**這三個階段。

覺察、接納和舒緩

首先，你跟孩子相處時，讓孩子安心感受情緒，同時你運用自己穩定的情緒來安撫和鎮定孩子，幫助他回歸身心容納之窗。為了達到這個目標，你必須保持情緒協調，平靜、放鬆、活在當下、專注和開放。別忘了，這是一種生理狀態，記得給自己幾個深呼吸，專心拉長呼氣，放鬆臉部和心臟周圍的肌肉。

- **別急著談論情緒本身，也別急著轉移孩子的注意力**（除非情況很緊急），而刻意消除孩子的情緒，或者關閉孩子的情緒，比方丟給他們 iPad、食物或其他享樂方式，讓他們暫時忘記情緒。如果是輕微的情緒，轉移注意力或善用幽默感可能會有用，但如果是在鼓勵孩子忽視情緒，這樣就不太好了。

・**別想控制或扭曲孩子的情緒感受**，例如輕描淡寫或刻意忽視，跟小孩說：「別這樣，情況沒那麼糟」、「你真的沒事」、「你以前就遇過了，不是好好的嗎？」這些話都是在藐視孩子的感受。父母經常小看孩子的感受，比方說「別傻了，你反應過度了」，或者用藐視的口氣說：「你在傷心什麼？根本是小事啊」、「快去房間，讓自己冷靜下來」。

・**不斷提醒自己人有情緒是很自然的事情**。雖然大人有理性的頭腦可以修正並控制情緒，但孩子只有很基本的情緒「關閉鍵」，所以會相當不舒服。孩子需要你的協助和溫柔，而非你的評價。

・**更重要的是，如果情況失控了，也別急著回應或擔心**，因為孩子的情緒有辦法平撫，比方透過安撫、同理心和一點理性思考。一些年紀很小的孩子，比方小嬰兒，如果情緒非常激動，必須讓孩子自然發洩完畢，大人只好要努力克制自己，以免情緒失控！

・**首先，把注意力放在自己身上，記得你是孩子情緒調解的代理腦**。孩子的情緒調節迴路發育不全，不可能自行調節情緒。你跟孩子共同調節情緒的能力越好，越能夠幫助孩子發育和強化這些迴路。

・**讓自己緩慢深呼吸幾下，放鬆你的肌肉和臉頰，試著處在當下**。如果你覺得焦躁或緊張，不妨把呼吸拉長、放慢。這麼做會讓心跳變慢，把你帶回身心容納之窗，試著在心裡升起溫柔和溫暖的感覺，把這份感受傳遞給孩子。

- **跟孩子眼神接觸一會兒，讓孩子在你面前感受情緒**，不急著掩飾、改變或控制孩子的感受。
- **如果感覺對了，試著溫柔的安撫孩子**，例如輕撫、擁抱、依偎，或者輕鬆陪在他身旁。如果你是真正的平靜和慈愛，語調極為輕柔和溫暖，孩子會自動靠向你。你不妨透過肢體語言，讓孩子明白情緒不好是正常的，情緒並不會壓垮你們，你會在旁邊協助他和安慰他。一切盡在不言中，輕聲細語也是可以的，但通常沒有必要說話。

反思

當孩子回歸身心容納之窗，你也給了他時間感受情緒，甚至還親自安撫他的情緒，就可以開始教他覺察和處理情緒了。如果能夠好好安撫，有時候根本不需要言語表達、糾正或教訓，只不過教孩子辨識情緒和重新看待情況，不僅有安定情緒的效果，也有助於調節情緒。

- 等到孩子平靜下來，你可能想知道情緒反應的原因，但是盡量敞開心胸，無論你自以為有多麼瞭解孩子，都可能帶入自己的偏見和成見，因此，務必放慢腳步，試著從孩子的角度看事情。孩子有些話可能會觸發你的批評或情緒，但絕對要克制住，以免在這個階段摻雜自己的觀點。

- 試著發揮同理心，忠實反映孩子的感受和孩子說的話。用心「**看見**」和「**聽見**」言下之意，讓孩子明白，你可以從他的觀點看事情。如果可行的話，說出孩子的情緒，讓孩子認識情緒的詞彙，比方用輕鬆的口氣說：「**你這麼耐心等待，想說遲早會輪到你的，但朋友就是不傳球給你，難怪你會如此不悅。**」你最好要處於平靜和調節情緒的狀態，語調保持溫柔和放鬆。如果孩子的情緒狀態令你痛苦，你會表現在聲音上，便無法有效鎮定孩子的心情，敞開孩子的心。
- 當孩子靜下來，願意聽你說話了，你可能想跟孩子討論行為和情緒表達。我有一個安全的方法，絕對不會觸發孩子的羞愧反應，你只要拋出問題，讓孩子自行聯想後果，比方：「**你對朋友大吼大叫還推他，朋友會有什麼感受呢？**」「**你這麼做，他會想要傳球給你嗎？還是會生氣呢？**」「**你表達情緒時可以用另一種方式嗎？**」「**為什麼你沒辦法多等一下呢？**」

- 記住了，語調會影響孩子對你問題的看法。如果你的語調不對，孩子會心生敵意和批評，但只要你語調正確，孩子反而會保持好奇和中立。如果你在乎孩子有沒有說出「**正確**」答案，那還是不要問了。
- 跟孩子解釋，對話的方式會改變當下對彼此的看法。人沒有生氣或心煩時，通常會比較願意聽別人說話。此外，鼓勵孩子求助，尤其是特別憤怒或情緒化的時候，不妨請你幫忙，或者求助其他可靠的大人。

無論你想不想深入研究這些技巧，我都要再三強調，心連心的連結永遠是第一，唯有奠定這個穩定的基礎，這幾個章節建議的行為才會水到渠成。長期固定練習和努力，都會有不錯的成績。大家別忘了，平衡對於教養至關重要。如果失去平衡，我們會太死板，容易落入威脅防衛模式。最重要的是做得「夠好」，而非做到「完美」。

你能察覺到你做得好不好，比方孩子越來越敞開心胸，更願意聽你說話，家庭生活更平靜，但不可能從此一帆風順。如果你們親子連結的時間夠多，孩子便能夠包容關係暫時斷裂。唯有當孩子有安全感，相信你會妥善調節自己和他的情緒，你就會發現彼此更同步了，進而開始享受親子時光，互相滋養彼此。

正念練習05・學習鎮定和安撫不舒服的情緒

你必須先做過前幾章的練習，才可以做這個練習。我的呼吸練習大多會要求把氣吸入前額，盡量把所有注意力集中在前額。我也會要求把氣呼到心臟或腹部，以便把注意力帶到心臟或腹部，用呼吸來軟化、安撫和放鬆這些部位。

先找個安靜的地方坐下來，讓自己心無旁鶩。背部保持挺直，雙腿和雙手舒服的垂放，不要交叉。你可以閉上眼睛，專注於你的體內。花一些時間吸氣和呼氣，連結你自己和內在所有感官。

❶ **回憶**：回想教養歷程中，有沒有哪個情境令你產生負面情緒？如果要為這個情緒的可怕程度打分數，滿分為十分，這個情緒至少要有六至七分。

❷ **經驗**：現在任由這個情緒開展，先不做任何處置。你只要覺察情緒的四大生理指標。

- **心跳**：加快或放慢？
- **呼吸**：呼吸有任何改變嗎？
- **肌肉緊繃程度**：注意你心口、胸口、腸胃、臉部和喉嚨的肌肉，有發現什麼嗎？有哪些部位感到緊繃、收縮、沈重或輕盈呢？

- **化學物質／感官**：你有什麼感受？哪裡有感覺？

有些人覺得很難，但更要持續練習，千萬不要緊張或緊繃，不要批評和分析情緒，也不要落入你自己的想法，反正就是接納情緒原本的樣子。記住了，情緒是身體跟你對話的語言，絕對不會淹沒你的，因為你懂得透過呼吸來安撫情緒，先別急著回應。

❸ **安撫和鎮定**：等到你可以包容情緒了，現在開始用呼吸鎮定並安撫情緒。你要相信你自己，你絕對可以透過呼吸，放慢心跳和舒緩肌肉緊繃。把氣息吸入你前額的正中央，然後把氣息呼出體外；身體會隨著呼氣而放鬆。你吸氣的時候，讓腹部和上背自然擴張，然後加深呼氣，達到你最舒服的感受。千萬別把自己逼太緊，導致於身體緊繃。這個步驟要做五次以上。

❹ **連結你的心**：現在持續把氣吸入前額的正中央，然後呼氣的時候，把氣息帶往心臟周圍，把所有注意力都放在那裡，用呼吸來軟化和放鬆心口的肌肉。想像你把溫柔和慈愛導入身體，把柔軟的感受帶入緊繃的肌肉。盡量拉長呼氣，比吸氣更長。重複腹式呼吸。

❺ **覺察你放鬆的過程中，身體有什麼變化**：把注意力放在最需要安撫和鎮定的身

體部位。放鬆臉部肌肉，尤其是臉部所有小肌群。試著讓嘴角上揚，這可是微笑的前奏。呼氣的時候，把氣息帶到整個上半身，彷彿氣息從前額流動到心臟和腸胃。注意身體有什麼變化。

❻ **加入頭腦：**等到你放鬆身體的情緒感官，再趁你呼氣的時候，對自己說一些安撫話語，例如「沒問題，我可以應付的」，「還有其他看事情的角度」，反正就是一些會幫助你重新看事情的話語，讓你更有信心管理情緒反應。

❼ **重複這項練習：**重複練習，直到你回想觸發情境時能夠平靜下來為止。如果你的觸發情境跟孩子有關，隨著練習次數越多，你在現實生活中越不會過度反應。

反思

什麼會影響情緒調節模式？

我們的情緒調節模式，從我們跟別人的關係，以及我們跟身邊其他人的連結都可以一窺端倪。父母跟你相處的時候，習慣採用何種情緒調節模式呢？你小的時候，父母懂得連結你的情緒嗎？父母清楚你的感受嗎？每當你有痛苦和不舒服的情緒，父母會急著處理，還是會先同理你呢？父母是否急著保護你，甚至到了過度保護的地步？或者說，父母想讓你堅強一點，於是就忽略你的情緒，也鼓勵你不予理會？

父母可能不習慣討論個人情緒，完全不想談論內心的感受，於是只關注你的行為，而不在乎你的感受。大概是父母不清楚你的感受，你也開始習慣壓抑情緒，覺得這樣沒什麼不好，反而把情緒視為心理學術語。不管你怎麼想，我都希望你在接下來第七章和第八章，跟我一起探索你和小孩的「關係模式」。親子關係無非就是「依附」，這是人與人關係重要的特徵，尤其是親子關係。

重點整理

健康的情緒調節能力，包括覺察、接納、安撫、包容和管理你的情緒反應，不讓自己反應過度，但前提是能夠包容你的內在感受，不隨便崩潰或關閉情緒。

身心容納之窗是你能夠忍受的情緒強度，而不會落入情緒失調的境地。當情緒超出身心容納之窗，要不是會過度激發，就是會過低激發。

當父母處於過度激發的狀態，可能會大吼大叫、焦躁、憤怒、焦慮、極度擔憂、哭泣或想要遠離孩子。至於過低激發會降低親子的親密感、連結和好奇心，而且會想要壓制情緒表達。

唯有孩子充分感受情緒，才能夠建立健康和連貫的自我意識。為了真實認識自己，必須先讀懂身體和情緒的語言。

孩子之所以有過度激發的傾向，是因為自我情緒調節迴路尚未發育完成，必須仰賴父母親來調節他們的內在狀態。

記住了！當你跟孩子一起處理情緒，有三個步驟要做：覺察和接納、安撫、反思。一方面，你平靜的調節孩子的情緒，另一方面要讓孩子體驗自己的情緒狀態，等到這些事情都完成了，再來跟孩子討論問題或情況。

如果孩子處於「戰或逃」模式，或者正在發脾氣，你可能要給他時間平靜下來。你必須陪著他，同時調解你自己的情緒反應，以免你超出身心容納之窗。如果你心跳慢下來了，由衷感受到慈悲、溫暖和平靜，孩子也感受得到，他的生理狀態會開始跟你同步。

等到孩子平靜下來，孩子會願意跟你眼神接觸，回應你想對話的需求。這時候你再來釐清來龍去脈，幫助他理解整個情況和起因，以及其他不一樣的作法。

記住了，情緒並沒有對錯，重點是我們因應情緒而採取的行動，對於情勢有沒有幫助呢？

第7章

為什麼情緒調節很重要？

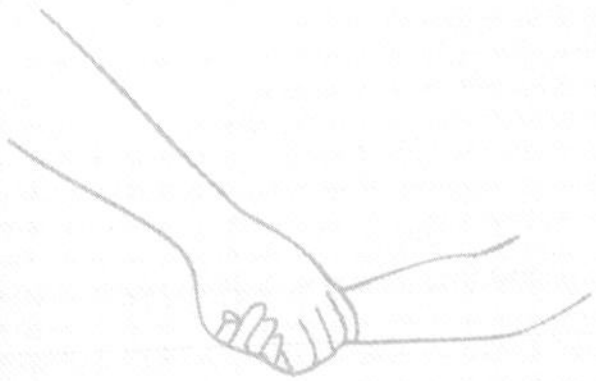

父母情緒調節的能力，會影響孩子調節情緒的能力，我在這裡提出幾個解釋。人類經過無數年演化，身體逐漸學會對嬰兒表達愛與回應，以滋養嬰兒的身體、頭腦和心智。但我們也知道，現代生活很多面向都在干擾人類演化的育兒本能，例如左腦為主的生活。這一章會探討情緒調節如何透過依附的過程來影響我們，依附會決定我們的自我意識和親密關係。下一章會介紹各種依附關係，以及依附關係在日常親子互動的展現。但我們先來探討依附、情緒調節、親子關係和孩子自我意識之間的關聯性。

依附是我們建立關係的媒介

人類嬰兒呱呱落地後，腦部和身體的發育還不夠成熟，所以極為脆弱，必須依賴照顧者維生。簡單來說，如果照顧者不關心嬰兒的需求，不在乎跟嬰兒的互動，可能會忘了關懷嬰兒，導致嬰兒夭折。這些都不是嬰兒有意識的舉動，但早已內建於人類基因中，嬰兒天生就會偵測照顧者是否在身邊，以及照顧者有沒有覺察和回應他們的需求。

嬰兒天生想親近照顧者的幾個原因

親近是很重要的，如果嬰兒跟主要照顧者分開，身體會感到生理壓力，於是開始大哭大鬧，迫使照顧者放下手邊的事情，趕快來抱抱他。我們都知道照顧小嬰兒很辛苦，但是比起小嬰兒的生存壓力，這又不算什麼了，嬰兒必須仰賴別人維生，可是別人不一定會發現或關懷他的需求。古代人跟小嬰兒的教養關係，便是從親近開始，畢竟古代社會沒有托嬰機構。父母只好把嬰兒背在身上；擠在一起睡覺，反正古代人不在意空間、獨立性和舒適感；或跟孩子走在一起。反正就是透過依偎來增加溫暖和舒適感，正是這種親近，讓父母更容易注意到孩子的需求。

孩子有關自我調節的腦部區位尚未發育完全，所以需要跟父母**親近**（proximity）和**情緒同調**（emotional attunement），讓身體和情緒感到安全。當孩子有痛苦的情緒，不可能自己把心跳、呼吸、壓力荷爾蒙和肌肉緊繃恢復平衡，所以要仰賴你的幫忙。孩子的需求，以及你對這些需求的回應，都是透過情緒來表達，正因為如此，小嬰兒打從一出生，就能夠覺察你的情緒狀態，並且跟你的情緒狀態同步。

當這種互惠的情緒關係逐漸確立，並且穩定下來，便是所謂的**依附**（attachment）。研究人員經過多年調查，結果發現我們習慣的依附模式，其實隱含我們跟主要照顧者的關係特徵。小孩跟爸媽之間可能有不同的依附模式，爸媽跟不同小孩的依附模式也可能不一樣。依附不是人格特質，而是關係模式，每個人在每一段關係展現的個性、脾氣、特質、不安全感和觸發點都不同，所以會產生相異的依附模式。有些依附模式極為強烈，從許多關係都看得出來，但有些依附模式就模糊多了。此外，依附模式也會隨著時間改變，絕非一成不變。不妨定期反省你自己的依附模式，思考這對於親子關係的影響，絕對會想通一些事情。

依附就是情緒互動

依附是人類的基本衝動。小嬰兒天生就有這種本能，可以透過人與人之間的情緒互動調節，產生依附和建立關係。依附是小孩和主要照顧者之間的**情緒互動**或**情緒調頻**，讓彼此的生物系統同步，比方心跳、神經系統活動、壓力荷爾蒙和臉部表情。如果照顧者在身心容納之窗的範圍內，小嬰兒會感到安全舒適。既然情緒失調會令人不適，情緒共同調節所帶來的情緒安全，對於小孩就很重要了。這**不是努力做**就會達到的狀態，而是透過右腦平衡的同理心和情緒接納，自然而然升起的狀態。這個過程也會受到自然影響，大家身體都會分泌荷爾蒙和化學物質，例如催產素，讓我們享受跟小嬰兒或另一半的連結，從中獲得樂趣和獎賞。

大家別忘了！這種情緒互動不可能一直發生，否則你會精疲力竭。反之，情緒互動只發生在連結和失連的連續週期。如果親子之間大致有合理的連結，洋溢著情緒溫暖、連貫性和開放性，這樣的關係就禁得起暫時失去連結。每當親子之間失去連結，可能是我們忙著想事情，因而疏忽孩子，也可能是我們沒把自己的情緒調節好，這時候要察覺失連，盡快補救，重新跟孩子建立連結。這很難做到，現代人通常有一堆事情要忙，或者我們本身壓力都很大，身心俱疲，又或者我們已經憂鬱了，情緒調節神經網絡早就失衡。

為什麼孩子需要父母同步調節？

我們調節情緒的腦部區域，必須等到八個月大左右才開始發育，因此小孩子只有初步的情緒調節能力，有賴照顧者協助他們調節和安撫情緒。小孩子只會在生理層次自行調節情緒，一旦受到過度刺激，便會出動吸吮手指頭和別開眼等基本調節機制，但由於調節情緒的腦部區域發育不全，對於大部分情緒的身心容納之窗都極小，難免會大哭、尖叫、激動、抱怨、大吼，讓我們覺得很難教。

小孩子會任由情緒擺佈，身上沒有關閉鍵可以安撫不舒服的身體感受，導致壓力荷爾蒙等物質流竄全身。他們唯一的關閉鍵就在你身上。孩子最需要的是父母處於極度安全狀態，能夠協助他調節情緒，幫助他恢復必要的平衡。孩子跟你一樣，也覺得負面情緒很痛苦，只不過沒能力安撫情緒。你可以想像嗎？如果你和孩子經常失控，孩子會有多脆弱？你可能心想：「胡說八道，如果他們真的那麼痛苦，幹嘛不表現出來？」別忘了，有些孩子會陷入低度激發狀態，麻痺自己的恐懼和痛苦。

唯有平靜接納的狀態，才可能發生情緒同調

唯有我們慢下來，不說話，直視孩子的雙眼，調解自己對孩子感受的反應，才可能發生真正的情緒同調。我在孩子小時候，對於孩子的情緒反應太大。我跟很多家長一樣，太想跟孩子的感受切割，急著叫孩子：「別這樣」、「沒有那麼糟」、「沒關係」，這些都會妨礙孩子培養獨立情緒管理能力，甚至孩子後來會開始壓抑、否認和逃避情緒。

文化會影響我們如何處理情緒，像英國人經常把情緒表達視為自我放縱和不穩定，甚至是脆弱的象徵，太急著鼓勵孩子獨立。孩子都需要跟父母共同調節情緒，英國人卻把這個需求視為弱點，誤以為會造成親子關係問題，造成父母的不便。如果孩子公開表達情緒，我們便覺得孩子是「媽寶」，一整個難為情。我們擔心孩子表達情緒之後，別人會覺得他沒規矩。這種急著關閉情緒的態度，對孩子的健全發展並沒有幫助，但也不應該讓孩子盡情發洩情緒，一切跟平衡有關。

就算孩子承受莫大的痛苦，難受到了極點，只要你保持情緒協調和平靜，給他們擁抱

和安撫，對雙方來說都是愉快的事情，絕對會鎮定身體和頭腦，因為安撫會讓身體釋放催產素。這種協調是真正活在當下的過程，發自身心完全平靜和放鬆的狀態，主要仰賴迷走神經的功能，我會在後面幾章介紹。你不需要照著書本說的，去跟孩子說話或教養孩子，反之你只需要正念，把注意力放在當下，不急著評價，不要在乎有什麼意思、應不應該或接下來怎麼做。

一個有覺知的父母，光是從眼神接觸和肢體語言，就看得出孩子情緒失調了，一旦發現孩子的反應並未跟互動同步，自然會退一步思考。反之，一個有過度激發傾向的父母，恐怕無法察覺孩子的細微反應，硬是把自己的意見強加在孩子身上，一直大聲嚷嚷，逼孩子參與不想做卻無力阻止的事情。至於有過低激發傾向的父母，完全看不出孩子有哪裡需要安撫，雙眼流露出疏離或遲鈍的表情（語氣盡量表現出活力，但眼神藏不住情緒），孩子只好靠自我調節情緒，逃避任何挑戰，這看似是這個年紀常有的舉動，導致父母輕忽，反而還勸誘或逼迫孩子做父母期望的事情，根本是在否定或忽視孩子的情緒狀態。

孩子最早的自我意識，來自父母非言語的反饋

小嬰兒出生幾週和幾個月，還不會區分主要照顧者和自己。為了方便起見，我先假設主要照顧者是媽媽。嬰兒不知道也不明白，自己和媽媽是兩個獨立的個體，導致嬰兒和母親的情緒反應融合為一。嬰兒從一歲到三歲，主要依賴右腦非言語的能力，因此母親的情緒反應（展現在神經系統、心跳、臉部細微表情）提供嬰兒寶貴的資訊，讓嬰兒知道該如何理解和感受周圍的一切，當然也包括他自己。

嬰兒會透過情緒來判斷他是安全還是脆弱，他是受到關懷還是受到忽略，他是受到認可還是受到批評。母親對嬰兒的情緒反應，便是嬰兒體會「我是誰」的唯一管道。嬰兒會透過母親的反應，得知他自己的感受，以及他的情緒是對是錯。母親的情緒訊息給嬰兒很多意見，讓嬰兒明白他自己的情緒狀態，以及母親對他的觀感，這些都會影響他往後的自我意識。正因為如此，母親能否隨時連結和覺察孩子的情緒，對於孩子建立自我意識的過程至關重要。

一切取決於父母的依附模式，而情緒調節起了重大作用。依附模式會根深蒂固，變成孩子腦中的**內在表徵**，主導未來他跟別人的關係，這正是情緒語言發揮的影響力。基本上，孩子會內化一系列的意象、情緒和想法，得知他在你的心目中有多麼惹人愛。你不妨

想一想，當孩子想到你跟他的關係，你在他心目中是溫柔笑臉人，還是一副冷酷樣，或是愛批評傲慢的模樣呢？孩子從很小就開始有意識地形成自我信念，包括自我意識、什麼是他應得的、什麼是他做得到的，這主要來自他對經驗的詮釋。下面列舉正面和負面的例子：

負面	正面
我不夠惹人愛。	我本來的樣子就很可愛。
我不夠好。	我夠好了。
我必須討好別人，別人才會接納我。	我可以做自己；做我認為正確的事。
我每次都要把事情做對。	我可以犯錯。
別人不可能永遠對我好。	我相信別人會一直支持我。

孩子會依照別人對他們的反應，建立正向穩定的自我意識，稱為自我概念（self-concept），尤其是幫他們調節情緒的人。孩子內心渴求**被肯定**和**被看見**，最後成為不在意他人目光的真實個體。前幾章說過了，如果這個階段沒做好，孩子會太過自信和獨立，自我保護慾很強烈，不然就是太依賴別人的認可和意見，於是太在乎外面的確認和滿足，例如成就、地位、權利或享樂。

大家總以為稱讚小孩子會培養自尊心，但其實是在鼓勵孩子把自己物化，只做別人會稱讚的事情。會造成孩子不管自己的感受，比方自己好不好奇，有沒有動力，會不會期待或滿足。孩子不需要透過讚美和獎賞來獲得肯定；反之，孩子需要的是，當他們感受或表達真實情緒時，能夠在親子連結的過程中，獲得覺察和互相接納。我的意思不是完全不稱讚孩子，有時候讚美是很自然的舉動，可以鼓勵孩子，但千萬不要把讚美當成親子關係的指標。

我們對孩子情緒的反應，會影響孩子的心智模型

唯有你懷著同理心，覺察孩子的痛苦，而自己不會過度痛苦或失連，你跟孩子之間才能夠調節情緒。親子之間的情緒共同調節，分成下列兩個層次：

- 讓孩子發育專門調節情緒的腦部區域。
- 讓孩子初步瞭解什麼是情緒，教他們如何處理情緒，這些都會內化到他們的內隱記憶系統。

孩子內化這些訊息後，逐漸形成一套信念或**心智模型**。心智模型集結了腦部對於特定

事物或主題，一切處理過的儲存資訊。說到孩子的心智模型，可能關於他自己和情緒，或者他有需要的時候，別人有什麼反應，又或者某件事在他往後的人生影響情緒處理方式。心智模型經常變成一輩子的個性，但我們以為自己本來就這樣，殊不知是童年經驗的影響。心智模型不知不覺對我們造成影響，我們對自己的困惑多源自於此。

當你面對孩子的痛苦，依然保持自己情緒穩定，懷抱慈悲心，溫柔看著孩子的眼睛，給孩子撫慰，孩子便會減輕壓力，心跳和呼吸會回歸正常。如果你經常做得到，孩子會有信心處理不舒服的情緒，因為他知道，無論現在有什麼感受，之後都會好轉。這樣的孩子對於情緒會有下列的信念：

(a) 情緒令人不舒服，但有情緒是正常的，大致都在可容忍範圍。他們不需要害怕情緒，因為他們能夠安定下來。

(b) 他們本身和情緒都值得認可，都沒有問題。

(c) 他們可以自由表達感受，因為他們相信別人會理解，也會協助他們管理不適的壓力。

因此，他們不用大吵大鬧來宣洩情緒（過度激發——戰鬥），也不用逃避示弱（過度激發——逃跑）或自我解離（過低激發——凍結）。

反之，當我們以情緒失調的方式，回應孩子的情緒表達，尤其是大肆批評或毫無同情心，孩子會覺得情緒是錯的，是危險的，情緒有可能會淹沒他們，因此當他們有情緒的時候，便會感到孤獨無助，這時候孩子會有兩個傾向，一是過度激發，二是過低激發（刻意壓抑情緒）。當孩子相信情緒是不好的，表達情緒會有不好的後果，通常會導致憂鬱、飲食失調、慢性疲勞症候群和大腸激躁症等嚴重問題。

舉例來說，如果連你都難以控制悲傷的情緒，經常假裝不在意，例如用幽默轉移注意力，或者壓抑、逃避痛苦的情緒，甚至用慰藉機制來轉移注意，比方吃東西或享樂，孩子不自覺也會認為悲傷難以忍受，必須設法逃避。後來孩子會避免感受這些情緒，裝出勇敢的表情，假裝堅強獨立，把示弱和情緒都當成弱點。孩子也可能對情緒麻木，只能夠感受輕微的情緒，例如偏向喜悅的情緒光譜。這樣雖然很懂得自我控制，卻無法跟別人建立有意義的關係。有些孩子會忙著幫助別人，把別人的需求擺在首位，卻一直忽略和壓抑自己的需求。

你不用一直回應孩子的情緒

雖然覺察孩子的情緒，幫孩子調節情緒，對於建立健康的自我意識很重要，讓孩子成為你和他心中的獨立個體。儘管如此，你還是不用肯定他每一個情緒反應。你不可以像鸚鵡一樣，每次孩子表達情緒，你就老是說：「我知道你很傷心」，這聽起來不夠真誠，因為是左腦在說話，而非右腦在說話。如果你自然連結孩子的情緒，你會說出富有同理心的話語，比方：「你現在很煩喔」，語氣要溫柔、輕鬆和真誠。事實上，大多數時候你不需要說太多，就可以跟孩子的感受產生共鳴。當你發自內心感受，孩子也會感覺到，自然會平靜下來。有時候，你要做的只是順其自然。

情緒韌性是幫助孩子容忍不舒服的情緒

當你幫助孩子容忍痛苦的感受，孩子會慢慢養成情緒韌性。如果一直逃避難受的情緒，或者把孩子保護得很好，都無法培養孩子的韌性；唯有我們處於情緒協調狀態，陪著孩子經驗情緒失調，孩子在往後的人生才會有適應力。孩子會更輕鬆進出各種情境，永遠待在身心容納之窗，懂得因應新的經驗，做出合適的情緒和行為反應。每次你安撫情緒失調的孩子，都在為孩子未來的人生，建立成功自我調節的神經路徑。

若是極度失控的情緒經驗，仍要盡可能避免孩子接觸，只不過現在父母擔心的經驗大多沒有迴避的必要，比方社會排擠和誠實批評，別人有而他沒有的經驗，以及失敗所造成的情緒刺激。就算人生發生這些事，孩子仍有可能喜歡並接納自己。我認為過度保護孩子，只是在破壞他們的韌性，除非他們住在一個完美的世界，否則不可能期待萬事如意。等到有一天，孩子的內在規則和期待受到了挑戰，反而會開始焦慮、有壓力和不開心。

你還有很多方法可以培養情緒韌性，例如刻意說一些話來打破思考框架，挑戰負面詮釋，我在後面幾章會介紹。你可以善用這些技巧建立好榜樣，或者主動教給孩子，但我建議別急著落入左腦為主的理性技巧。說到情緒調節，最好要拿捏平衡，一方面感受我們自己的情緒，另一方面安撫孩子，進行建設性思考，以解決孩子面對的情緒問題。

保持連結，但也要區隔你我

唯有當情緒調節達到平衡，我們才會輕鬆回歸身心容納之窗，這有賴左右腦各區域的整合，以及身體和頭腦的整合，讓資訊沿著相關路徑流動，同時在過程中收集必要資源，以達成我們想要的結果。當我們在這些部位建立健全的連結，保持適度的神經活動或連結，我們就會真實感受情緒，同時區隔自己和別人的情緒，這對於教養至關重要。

當一個人有區隔能力，就會分辨心中每一條情緒線，知道自己同時在灰心和傷心，也會覺察和感受別人的情緒狀態，同時把自己和別人的情緒反應區隔開來。如果父母不太會區隔自己和孩子的感受或自我意識，就會把自己的情緒狀態強加到孩子身上，或者容易受到孩子的情緒觸發，比方一個極度焦慮的父母，通常不太會一邊同理孩子的情緒，一邊做好自己的情緒調節，於是任由情緒反應興風作浪，依照自己在當下的感受，自以為孩子做何感受，卻沒有從孩子的角度連結其情緒。再不然就自以為是，相信孩子是不公不義的犧牲品。唯有當你成功區隔自己和孩子，你才懂得連結孩子的情緒，感同身受卻又保持情緒協調，不受孩子情緒干擾。教養是很個人的事情，有時候要做到只觀察，不急著做評斷或反應，真的還滿難的！

正念練習06・接納孩子的負面情緒

你必須先做過前幾章的練習，才可以做這個練習。先找個安靜的地方坐下來，讓自己心無旁騖。雙腿和雙手舒服地放下來，不要交叉，讓背部保持挺直。你可以閉上眼睛，專注於身體內部。花一些時間連結自己和內在感官，透過吸氣和呼氣，接收你所經驗的一切。

❶ **回憶**：回想教養歷程中，孩子曾經因為負面情緒而情緒失調，令你難以忍受的情境。現在盡量回想這個情境，別壓抑。

❷ **經驗**：當你想像孩子失控，你內心有什麼感受，現在任由這個情緒開展，不做任何處置，只要專心覺察情緒的四大生理指標。

・**心跳**：加快或放慢？

・**呼吸**：呼吸有任何改變嗎？

・**肌肉緊繃程度**：注意你心口、胸口、腸胃、臉部和喉嚨的肌肉。

・**化學物質／感官**：你有什麼感受?哪裡有感覺？

有些人會覺得很難，但更要持續練習，千萬不要緊張或緊繃，也不要批評和分析情緒，反正就是接納情緒原本的樣子，別急著回應。

❸ **安撫和鎮定**：等到你可以容忍情緒，現在開始用呼吸鎮定安撫情緒。這時候繼續想像孩子失控的意象，把氣息吸入你前額的正中央，然後把氣呼出體外；讓身體隨著呼氣而放鬆。吸氣的時候，讓腹部和上背自然擴張，然後加深呼氣，以你最舒服的狀態為主。千萬別把自己逼太緊，導致身體緊繃。這個步驟要做五次以上。

❹ **連結你的心**：現在持續把氣吸入前額的正中央，然後呼氣的時候，把氣息帶往心臟周圍，把所有注意力都放在那裡，用呼吸來軟化和放鬆附近的肌肉。想像你把溫柔和慈愛導入身體，把柔軟的感受帶入緊繃的肌肉。盡量拉長呼氣，拉得比吸氣更長。重複進行腹式呼吸。

❺ **覺察變化**：把注意力放在最需要安撫和鎮定的身體部位。放鬆臉部肌肉，尤其

是臉部小肌群。試著讓嘴角上揚，這是微笑的前奏。呼氣的時候，把氣息帶到上半身，彷彿氣息從前額流動到心臟和腸胃。注意身體有什麼變化，然後繼續想像孩子情緒失調的意象，並試著微笑。

❻ **加入頭腦**：等到你放鬆身體的情緒感官，再趁著你呼氣的時候，對自己說一些鎮定的話語，例如「沒事的，孩子只是在表達情緒，我可以放下。」反正就是幫助你重新看事情的話語，順便提醒你自己，現在孩子最需要的是支持，而非批評。

❼ **重複這項練習**：重複練習，直到你每次回想觸發情境，都能夠自然而然平靜下來。如果你的觸發情境跟孩子有關，隨著你練習次數越多，你在現實生活中越不容易過度反應。

反思

你對情緒有什麼信念？

- 你認為情緒表達是正常且健康的舉動嗎？
- 你相信自己可以管理情緒，還是你會擔心自己被情緒淹沒呢？
- 你相信自我安撫或心智上的努力，可以改變個人的情緒反應嗎？
- 你感到脆弱的時候，能否不過度悲傷呢？
- 你面對強烈的情緒時，有時候會覺得只能壓抑和否認嗎？
- 你能夠接納自己或孩子不舒服或負面的情緒嗎？
- 你面對孩子的情緒時，例如哭鬧和生氣，會不會有失調的情緒反應呢？
- 你看到孩子的情緒反應，會尋求合乎邏輯的解釋嗎？
- 你看到孩子有強烈或非理性的情緒反應，會開始評價、批評自己或孩子嗎？
- 你覺得情緒表達是脆弱的表現嗎？
- 如果你示弱或表達負面情緒，你會擔心別人排擠你嗎？
- 你覺得你應該獨自默默處理自己的情緒嗎？
- 你能不能品味正面的情緒，例如感恩和驚奇呢？

- 你能不能從身體層次來感受情緒——你的身體對情緒有感覺嗎？還是你傾向去思考和分析？你對所有情緒都這樣嗎？

第七章 重點整理

親子之間的情緒調節和情緒同調，正是透過親子依附來完成，進而影響孩子的自我概念，以及孩子往後的親密關係。

小嬰兒天生就會親近主要照顧者，尋求主要照顧者的回應。一旦缺乏親近和回應，小嬰兒便會感到生存壓力，促使體內分泌壓力荷爾蒙，感覺很不舒服。

依附主要跟情緒互動有關。當親子連結彼此的情緒，便會互相比對情緒。唯有我們放慢節奏，感受情緒連結，再把我們的情緒反應對應孩子最大的需求，親子之間的情緒才會真正同調。

孩子會觀察父母的反應，得知父母有沒有肯定他們的情緒、意見和行動，進而建立連貫的自我意識。光是讚美和寵愛孩子並不夠，而要真正理解和接納孩子的自我。

為了培養情緒韌性，你要幫助孩子包容和調節情緒。你不需要幫孩子逃避不舒服或痛苦，刻意為他們阻絕排擠、批評、失敗或失望，反之你要幫孩子覺察、安撫和反思情緒。

我們要懂得區隔自己和孩子的情緒。區隔是分辨自己不同的情緒線，以及分辨自己和親友的情緒感受。

第8章

依附模式決定了教養模式

現在我們知道情緒調節會影響孩子，再來看一看情緒調節對親子依附關係有什麼影響。依附有安全和不安全之分，不安全的依附還可以再細分：

- **安全型依附**（secure attachment）
- **不安矛盾型依附**（insecure ambivalen）
- **不安逃避型依附**（insecure avoidant）
- **混亂型依附**（disorganised）。

依附類型會影響我們的親密關係，但無論童年有什麼經驗，人都有機會從不安型依附轉為安全型依附，比方進入其他長期充滿愛的關係，或者接受心理治療，又或者長期自我反思，反正大家別忘了，我們跟不同人互動，會產生不同的依附關係，例如我們跟另一半以及跟父母的依附類型就不同，小孩跟爸爸和跟媽媽的依附類型也不同。親子依附類型大致會影響孩子的調適能力和快樂程度。

你和孩子屬於哪一種依附關係？

1. 安全型依附

當父母願意連結、關心並回應孩子的情緒心智狀態，孩子大多會形成安全型依附關係，這樣的人傾向相信別人，認為這個世界是安全的地方，相信自己可以處理情緒，無論是靠自己的力量，或是跟親近的人求助。安全型依附的人格不恐懼示弱或親密連結，也不太擔心別人的排擠和批評。當然他們遇到這些事，仍有可能會難過，但他們不會預設自己一定會遇到，就算真的遭到排擠和批評，也不會衝擊他們的自我意識。

安全依附型人格對情緒的包容度較大，通常有韌性和彈性來調節情緒狀態，很容易看到契機（但這些也會受到個性影響，不全然是依附類型決定的）。安全依附型孩童覺得自己惹人愛，值得受到關注（但不需要太多關注），通常能夠跟別人保持良好關係。安全型依附關係會奠定良好的基礎，讓小孩習慣在痛苦或不舒服的時候，向別人尋求支持，小孩也會相信發生問題或不安時，會有人來幫助他。安全依附型人格會在適當的情況下，跟別人分享他們的情緒，也會滿意自己的人際關係，對整體生活也感到知足。

2. 不安矛盾型依附

當孩子屬於這種依附類型，通常有一對情緒不穩的父母。這種父母親很忙碌，經常在想別的事情，不僅跟孩子的情緒不同調，還經常侵擾孩子的情緒。這種父母容易受到自己和孩子的情緒觸發，卻不太會自我調節情緒，也容易打擾孩子做正事；他們任何情緒反應，只是在順應自己抒發情緒的需求，完全不管孩子怎樣才會舒服和安心；他們自以為愛孩子，對孩子有求必應，但因為情緒反應跟孩子的內在狀態或需求失連，對孩子來說反而是侵擾和權威，恐怕會加劇孩子的情緒失調。不安矛盾型依附的人格，很容易情緒崩潰，沒來由的情緒爆發。

這種教養模式會打斷孩子說話，或者把孩子辯到啞口無言；老是說一些孩子不想談論的話題，只因為自己想要抒發；在孩子安靜、傷心或情緒低落時，硬是用興奮的語氣說話；在孩子心事重重時，急著跟孩子建立連結，於是勉強去抓住、親吻和摟抱孩子；一看到孩子做不好，就急著打斷他或叫他放棄；勸孩子做父母需要或期待的事情，完全不管孩子做得開不開心。換句話說，這種父母沒「看見」孩子是獨立的個體，有著自己的想法、感受和需求，於是他們對孩子的情緒、期待和反應，都是基於自己內在的情緒。

不安矛盾型依附關係的父母親，可能淪為直升機父母或其他過度保護的教養模式，過度干預孩子的生活、學業、友誼和人生經驗。有些父母會經常提起孩子的豐功偉業，對孩子過度自豪和上心，導致整個人都陷入孩子的生命經驗中，甚至把一生奉獻給孩子，只求孩子過得舒服和事業有成，孩子不知不覺就承受莫大壓力，親子關係根本沒有放鬆的餘地。

這種父母的區隔能力不佳，無法區分自己和孩子的情緒，導致孩子過分擔心父母的情緒狀態和情緒反應。在不安矛盾型依附關係之下，父母親和子女遇到任何事情，都容易往心裡去，誤以為別人是在針對他們，只會從自己的角度看事情（心裡想：「這分明是在針對我或針對我孩子嘛」），但明明有更合理的解釋。這種依附類型的人不相信自己惹人愛，也難以覺得安心，對於批評、排擠、不公平對待或遺棄特別敏感。

這種父母親的不安和焦慮，經常對孩子的自我意識潛移默化，讓孩子疲於討好父母，讓父母的心情平靜下來。這樣的孩子不相信父母會持續滿足他們的情緒需求，所以滿腦子都想著如何吸引依附對象的注意力，確定身邊有人會幫忙調節情緒。這種依附類型的孩子明明很在乎目光和共同調節，卻展現相反的情緒模式，比方憤怒和焦慮，也不太容易安撫。這時候有的父母會覺得小孩在針對自己，於是切斷跟孩子的情緒連結，造成親子關係更多的困惑，而有的父母會花很多力氣取悅孩子，或者爭取孩子的愛，反而助長孩子心中的不安。

3. 不安逃避型依附

這種依附類型的特徵是跟情緒失去連結，對情緒不屑一顧。這種父母面對自己或孩子的情緒，不太有覺察能力，也不會溫暖回應和同理接納，尤其是孩子情緒失調的時候。他們傾向保持獨立，跟別人的情緒切割，為自己的獨立感到驕傲，如果有人靠他們太近，便覺得太黏人、有壓迫或不方便。這種人憂傷的時候，父母並沒有覺察他們的情緒，甚至還否認他們需要安慰，因此他們學會自己調節情緒，不輕易跟別人分享感受，也不知道該怎麼敞開心胸。不安逃避型依附的人格看事情，容易訴諸邏輯、冷酷、置身事外，很會用左腦和線性思考，控制欲強，偏好冷幽默。

說到情緒調節，在不安逃避型依附關係之下，父母親傾向刻意逃避、壓抑和否認情緒，經常有輕微的過度激發，他們之所以對情緒和心理需求的訊息無感，是因為沒有從自己和身邊的人，接收過或處理過情緒訊息，所以不明白這是什麼玩意。這種父母習慣壓抑情緒，覺得某些情緒特別難以忍受，一旦孩子有強烈的情緒（小孩子特別容易這樣），便覺得孩子在為難自己，甚至侵害自己的空間和自主性，所以跟孩子相處總是壓力很大。

這種親子關係經常把情緒往肚裡吞，尤其是偏向脆弱光譜的情緒。這種人不太會在眼神和表情透露內在情緒，甚至會面無表情或缺乏溫暖，讓人看不透心思。在他們不願意承認的內心深處，永遠不相信有人接得住他們的感受，於是乾脆關閉情緒，一輩子都跟自己的情感疏離。不過，這種人可能很會體驗和表達喜悅、興奮、衝動、幽默以及偏向憤怒的情緒，只是面對悲傷、脆弱和情感親密就會有障礙。

不安逃避型依附的人格，會鼓勵孩子從小獨立、堅強和自我管理情緒，很想要跟孩子保持距離，尤其是孩子有強烈情緒的時候，他們會選擇置之不理，關閉自己的內心，或者暫時跟孩子分開，甚至永遠跟孩子分開。

不安矛盾型依附的父母，對孩子的憂傷過度焦慮，導致反應過度，反觀不安逃避型依附的父母，對孩子的感受漠不關心，不知道何時該介入孩子的生命，寧願遠離孩子來處理自己的問題，搬出「讓孩子堅強」或不要過度保護等藉口。他們並非不關心孩子，只是對自己和別人的情緒生活缺乏覺察。

這種父母在孩子很小的時候，就鼓勵孩子獨立、堅強和自行管理情緒，傾向跟孩子保持距離，尤其是孩子有強烈情緒的時候，於是會封閉心門，或者暫時遠離孩子，甚至永遠離開孩子。我們來比較一下，不安矛盾型依附的教養模式，面對孩子的痛苦情緒，通常會過度擔憂和反應；反之，不安逃避型依附的教養模式，完全不擔心孩子的感受，每當要參與孩子的生活，就會有理解障礙，只好裝成「我在訓練孩子堅強」，「我不想過度保護孩子」。這種父母並非不關心孩子，或者對孩子不好，只是對自己和別人的情緒漠不關心。

不安逃避型依附的教養模式，難以跟孩子同步，在日常生活中經常跟孩子不同調，比方孩子興高采烈跑來媽媽身邊說：「媽咪，妳看我找到什麼！」孩子都還沒說完，媽媽連看都沒有看一眼，就不耐煩的說：「我在忙，你趕快去玩。」或者突然把孩子獨留在房間，孩子看到媽媽不在，便開始難過。每個人都曾經歷這種事，只不過更常發生在不安逃避型依附的親子關係。

這種父母也不明白，孩子有可能將父母的迴避行為視作是拒絕自己，因而感到羞愧或焦慮。有些父母一看到孩子的情緒反應，便開始做務實或負面的聯想，比方孩子餓了渴了，或者孩子就是「太無聊」，於是建立嚴格的常規和紀律，不懂得順應當下的情況，以及根據孩子的情緒需求變通。一旦孩子情緒不佳，父母便極為不耐，心灰意冷，說出：「別這樣，你沒事，快振作起來」或「你都八歲了，可以自己處理了」之類的話。

4. 混亂型依附

這種依附類型大概是最麻煩的，但也比較少見。這樣的孩子通常受過虐待和重大創傷，或者有未解決的失親經驗。混亂型依附集結了兩種不安型依附的特徵，但是面對情緒或關係需求時，並沒有固定的模式和策略。混亂型依附人格經常在過度激發和過低激發之間擺盪，偶爾會陷入空白，完全關閉情緒。這種模式跟父母親的失職有關，比方父母老是暴怒或情緒爆發，讓孩子感到恐懼、羞恥和羞辱，或者父母有成癮的習慣，例如嗑藥和酗酒。當孩子承接父母這種行為，逐漸會形成創傷，因為孩子希望從父母身上獲得安心而非威脅。當父母變成威脅的來源，孩子會很困惑，不知道該如何保護自己，而感到孤單或脆弱。記住了，這種孩子經常遭受父母虧待，而非只是父母偶爾的暴怒。

爭取而來的安全依附

我們不應該一輩子維持童年的依附模式，反之我們長大以後，能夠透過跟別人建立愛的關係，為自己爭取安全的依附。我們會透過心理治療來自我療癒，逐漸相信自己會透過學習，開始懂得善待自己和別人。正如席格所言：「即便依附模式會代代相傳，但真正決定孩子依附模式的，絕非父母親的童年經驗，而是父母親如何理解自己的童年經驗。」由此可見，只要我們懷抱開放的心胸，覺察並反思我們的童年經驗，以及童年經驗對我們的影響，會幫助我們脫離不安的依附類型，邁向安全的依附類型。

羞恥、情緒調節和依附

每次小孩有情緒困擾，父母不太會從小孩的角度，看出最根本的驅動情緒。唯有父母先協調自己的情緒，並且連結孩子所有的情緒反應，不急著回應，才可能看出根本的驅動情緒。當父母還在身心容納之窗，腦部各區域保持連結，以便把注意力放在當下，隨時接收新訊息，才能夠思考孩子情緒的癥結，不輕易往負面去想，或者往自己心裡去。當父母保持開放、平靜和連結，小孩感覺自己被理解了，就願意接受父母的安撫。如果父母和小孩不同調（主要是父母沒有確認或正確理解孩子的情緒，貿然對孩子的行為下結論或貼標籤），小孩會覺得羞恥，或者先基於自我防衛而表達氣憤，然後就關閉情緒（過低激發）。

誠如亞蘭・斯霍勒（Allan Schore）所言，羞愧是**內在崩潰**的感受，當情況突然從正面轉為負面，孩子會覺得超級不舒服，感覺自己被排擠了，於是覺得自己很壞，以為自己做錯事、不值得被愛、不夠好。這經常發生在親子不同調的時候，比方小嬰兒衝撞界線，父母不得不教導孩子社會規範。我上面舉過不安逃避型教養模式的例子，當孩子興高采烈找父母親說話，卻遭到冷漠或不屑一顧的對待。此外，父母突然嚴厲制止孩子，也會引發孩子的羞愧，尤其是持續很長一段時間。如果這種情況比正面互動多，或者父母都沒有好好處理，當孩子感覺太痛苦，便直接關閉情緒感受，拒絕跟父母情緒共調與親密。

當孩子感覺被排擠或羞愧，也可能基於自保而生氣或反抗。對孩子來說，與其遭受誤解或覺得自己無用，而感到內心的脆弱和痛苦，還不如發怒或反抗。每一個孩子對情緒狀態的敏感度不同，有些孩子會因為小事就羞愧，例如父母訓斥他。有些孩子可以容忍更明顯的不同調與批評，不輕易感到羞愧或防衛心。當孩子羞愧或與你唱反調，通常會有一個跡象，那就是不跟你眼神接觸，或者無法直視你的眼睛，好好聽你說話。如果有這種情況，你就要放軟姿態，甚至先別說話，讓孩子先回歸身心容納之窗。要是你嚴厲訓斥小孩子，小孩子嚇到哭出來，這也表示你反應過度，已經讓孩子感到羞愧、悲傷或被排擠。如果孩子開始頂嘴、不聽你說話、自我防備，可見他已經感受到失去連結和不同調，他是在保護自己，以免遭受誤解。

父母親必須幫助孩子調節情緒，因為孩子對於不悅的情緒並沒有處理和感受能力。如果你屬於不安型依附的教養模式，你很難保持心胸開放，不知不覺就過度反應了，或者對孩子的行為做負面詮釋，導致孩子極度羞愧，親子關係斷裂。孩子會直接關閉情緒，不願再聽你說話，再不然就是唱反調，激化你跟他之間的情緒失調。無論哪一種情況，你們都喪失共好的可能，一旦孩子超出身心容納之窗，便無法再接納其他訊息。

下面這段親子對話，便是在激化孩子的羞愧和親子不同調：

父親（惱怒的語調）：「老師說你最近都沒有準時寫功課，你知道不準時交功課是在自找麻煩嗎？你為什麼要吊兒郎當的？今天的功課寫了沒？」父親對孩子提出的問題，缺乏不帶偏見的好奇心，充滿了個人評價。他期待孩子馬上去做功課，這份期待在語調表露無遺。

小孩（語調些微上揚，流露出惱怒和反抗）：「我一直都有寫功課，只是忘了一次，我待會就去寫。」小孩感覺父母在評價他、控制他，覺得父母提出的問題並不公允。

父親（有點生氣了，不管孩子正在完成手邊的事情）：「你待會也不會做，每次都要我提醒你寫功課，真是受夠了！你為什麼不為自己負起責任？」

孩子：「我會寫，但是等一下。我不用你提醒！」孩子的真心話是「請相信我，尊重我，讓我把手邊的事情先做完。」

父親（明知道自己該閉嘴或者把語調放柔，但就是按耐不住沮喪，整個人已經超出身心容納之窗，開始大吼大叫）：「但你就是沒在寫！你太在乎其他事情了！你待會就忘了，還要我提醒你，然後去上學又沒交作業！」

孩子（父親老事重提，但他真的打算待會去寫功課，所以覺得父母這麼說很不公平，開始有點生氣）：「好，我現在就去寫！你老是愛逼我做事情，但我自己知道該做什麼。」

父親（現在冷靜下來了，回歸身心容納之窗）：「我不是叫你立刻去做，只是希望你別忘記了。」

孩子（依然生氣，覺得自己被誤解了，不願正眼看父親）：「不，我現在就去寫！你說快點去寫，我就馬上去寫！」雖然孩子答應去寫功課，但這個結果並不正面，因為孩子覺得受到逼迫、批評和惹惱，親子關係已經破裂了。如果這種事已經不是第一次了，孩子以後想到寫功課，就會做不好的聯想，產生羞愧和生氣的情緒。

在這個例子，父親貿然下結論，一整個很焦慮，大概是孩子在學校的表現不佳，或者他受不了老是要提醒孩子，導致他的教養方式隱含偏見，其實他換個教養模式會更成功，試著維持溫柔和放鬆的語氣，丟給孩子一些開放性的問題，比方：「老師說你最近沒有準時交功課，怎麼會這樣呢？」如果孩子開始唱反調，語氣就要更和緩一點，關鍵在於鼓勵孩子從他自己的觀點描述來龍去脈。

這麼做可以避免你發出批評，讓孩子更願意敞開心胸，說出真心話。再來就是解決問題了，為了鼓勵孩子負起責任，父母千萬不要指使孩子，或者逼孩子馬上去做功課，反之要問他打算何時做，但父母可以徵求孩子的意願，確認他需不需要提醒，搞不好他相信自己會記得。大家要把注意力放在共商解決之道，找出雙方都可以接受的辦法，以免孩子覺得不受尊重，一直受父母逼迫。大多數人天生都需要自主和公平，小孩子也一樣。

重要的是，你不可以走到另一個極端，完全迴避可能令孩子羞愧的親子互動。如果你過度保護孩子，為他阻擋任何羞愧的經驗，他不會長出韌性，也不會懂得界線、後果和內隱的社會規範，也就無法跟別人建立合作關係和信任感了。他會自以為該享有特殊待遇，造成道德推論能力不佳。孩子要避免負面情緒，但父母仍要糾正孩子，試探他會有什麼感受，親子之間偶爾吵架，可以提升孩子對感受的包容度。父母可以把孩子推到身心容納之窗的邊緣，但不要完全推出去就好。

讓孩子訴說親子關係斷裂的「故事」

親子關係難免會斷裂，尤其是教孩子規矩的時候，即便只有幾分鐘也會破壞感情。如果可以的話，盡可能修復親子關係，比方用非言語的方式重新建立連結，或者跟孩子聊一聊當時的情況，以及孩子當時的感受。大家記住了！雖然父母想要修復關係，但孩子可能覺得侵擾，所以要選對時機，挑一個雙方都想處理的時間點，大家共同面對情緒。為了做到這樣，首先要展現同理心和拉近彼此距離，把焦點放在重新建立連結，設法讓孩子明白，你知道孩子在面對迷失方向或大發雷霆的父母，心裡有多生氣或難過。現在帶著一顆謙卑和慈愛的心，衷心跟孩子道歉。親子把這些話說開了，有助於孩子處理這些情緒，以免在內隱記憶系統迴盪不去，影響孩子的自我意識或關係。

如果你的行為傷透孩子的心，盡量鼓勵孩子說出來，但記得控制好你自己的羞恥心和罪惡感，專心聆聽孩子的感受。這會促進孩子整合左右腦，因為你在幫助他把感受化為語言。我兩個孩子偶爾會跟我訴苦，說我怎麼發脾氣，說我傷了他們的心。這些故事都很久遠了，情緒強度早就減弱了，我比較能夠敞開心胸聆聽。

但如果是最近發生的事情，聽起來可能比較刺耳，我會跟孩子說，我明明是應該給他們安全感和慰藉的人，卻反過來擾亂他們的心情，可以想見他們有多麼受傷、痛苦和困惑。當我聽他們娓娓道來，虛心接受他們說的話，我會一再重申，這不是他們的錯，他們不應該受到這種對待，這時候他們會獲得理解，進而被療癒。我同時也會坦承，無論我多麼努力，無論我多麼愛他們，我終究還是凡人，難免會傷害他們，做錯事。他們會反過來安慰我：「沒關係，媽咪」，我聽了滿心感謝，因為我向他們示弱，他們卻反過來給我力量。

你需要幫忙孩子釐清次要情緒

我兒子四歲到七歲時，動不動就發怒，但我很久才明白，這只是他的次要情緒，而他的主要情緒是脆弱（悲傷、被排擠、羞愧），他不知道該如何調解如此強烈的感受。當孩子感覺自己被批評、被評斷，很容易產生防衛心，一整個惱羞成怒，尤其是認為批評有失公允的時候。有些父母受不了孩子動怒，誤以為孩子在唱反調或無禮取鬧，總覺得孩子在針對自己。我後來終於明白了，不再隨著孩子的怒氣聞雞起舞，反之我會關懷他潛在的悲傷或羞愧，這時候他馬上就氣消了，然後開始哭，這才是比較健康的反應。我發現悲傷比憤怒更容易安撫，真的是這樣，越是發怒，越是憤怒。

久而久之，我讓兒子明白，他似乎很容易忽略悲傷的情緒，一股腦地宣洩怒氣，現在他開始會對我示弱，而非隨便發火、唱反調或其他令父母害怕的反應。他之所以會學習處理情緒，不把情緒化為怒氣，是因為他開始相信我了，相信我會秉持同調平衡的態度，陪著他一起調節情緒，我不會有自己的防衛心，也不會逼他趕快想辦法、堅強起來或掩飾悲傷。

為了達到調節與同理，父母必須先關懷自己

西蒙・拜倫・柯恩（Simon Baron-Cohen）在他關於同理心的著作，提到每一個孩子心裡都有一桶金，每次接受父母的養育，跟父母有正向的互動，培養韌性和安全感，這桶金就會慢慢填滿。我們出生時，這桶金本來是空的，每次有真正的連結，感受到溫暖和理解，有人接納我們原本的樣子，黃金就越來越多。漸漸地，黃金開始滿溢，讓我們分享給需要的人。可是，當我們遭受親密的人批評、嚴斥、忽視或恐嚇（包括自己對自己），黃金便會開始減少。如果我都無法對自己慈悲、慈愛和寬容，怎麼可能這樣對別人和孩子呢？我們對自己展現正面感受的能力，取決於我們依賴別人時，別人是否也這樣對待我

們，讓我們相信自己值得被愛，值得善待。如果你的黃金只剩下一半，你完全沒在管理，甚至把它遺忘了，無論你再怎麼努力，教養都會是你的罩門和壓力源，因為你根本缺乏內在資源。

請趁機想一想，你有多常批評或評價自己，有多常給自己壓力，有多常忽略自己的需求，假裝一切沒事？給自己一些時間放鬆和自我照顧吧！你不需要仰賴別人為你做這些事，也絕對不可以依賴孩子來填滿你心中的黃金，但充滿愛的關係確實很有幫助。我這裡提供的正念練習，專門在創造自我接納和平靜的感受，讓你填滿和補充心中的黃金。從現在起善用這些練習，尤其是慈悲心的練習，學會給自己祝福、溫柔和接納。試著放下對自己的無理要求。當你練習善待自己，你會發現教養變得簡單多了，因為這些**良善**不僅對我們好，也會徹底改變我們調節情緒的方式，以及我們的幸福、健康和關係。

正念練習07・用慈悲心對待自己

我在這裡簡短介紹一些善待自己的想法、信念和感受。我說的慈悲心，源自保羅・吉伯特（Paul Gilbert）的演化心理學，我們總覺得現階段的腦袋，無法讓我們發揮最大潛能。人類的腦袋受到基因和童年經驗影響，兩者都不是我們決定得了。每個人都會有傷心、失落、失望、憤怒等痛苦的情緒。

下面列出一些帶著慈悲心的想法：

- 我現在過得很辛苦，沒關係，人生本來就會有難關，我已經盡力了。
- 我就像其他人一樣，值得被愛和善待，不應該遭受批評和評價。
- 我接納我原本的樣子──我是複雜的個體，跟大家一樣都會犯錯。我做錯事是正常的。
- 我是活生生、會呼吸、多面向的個體，而不是被評價的對象。

- 花幾分鐘連結你自己和你的呼吸。
- 吸氣的時候，把注意力放在雙眼上方（左右兩側），呼氣的時候，把注意力轉移到臉部和心窩。
- 拉長呼氣，想像你的氣息是金黃色的光芒，籠罩你的心，不妨把手放在心臟的位置。如果你無法想像也不勉強。

- 呼氣的時候，對自己輕聲說：「沒關係，我已經盡力了」、「願大家愛我原本的樣子」、「願大家接納我原本的樣子」。
- 試著把平靜和溫暖接納的感覺傳遞給自己。如果你不習慣善待自己，可能會覺得很難，搞不好連自己的脆弱都無法接納。我很多個案第一次做這個練習會哭泣，有些個案會做不下去，因為很想切換到逃避模式（面對自己的脆弱時，馬上拉起安全網）。沒關係！只要不會太痛苦，就堅持下去吧，你會有莫大的改變。

重點整理

依附分成四大類型，每一種類型都有不同的情緒管理和關係模式，分別是安全型依附、不安矛盾型依附、不安逃避型依附、混亂型依附。我們跟不同人之間，可能產生相異的依附類型，依附類型也並非這輩子一成不變。

依附類型不會決定你一生，當你開始自我反思和建立穩定關係，就有可能改變依附類型，爭取安全的依附狀態。

親子不同調是難免的，卻可能促發孩子的羞恥心，感到內在崩潰，進而切換到過低激發，開始關閉自己的情緒。

如果你非要管教或糾正孩子，請注意孩子的感受和回應。如果孩子不再跟你眼神接觸，或者開始哭泣，又或者產生防備心和惱羞成怒，你不妨退一步，試著調節自己的情緒，軟化自己的管教方式，但也不要因為怕羞辱孩子，就阻絕任何令他難受的互動。

如果父母溫柔地把孩子推向身心容納之窗的邊緣，並且幫忙安撫，孩子反而會建立韌性，但千萬不要老是製造負面情緒給孩子。

有時候親子關係不同調，偶爾斷裂一下，反而有益健康。等到你和孩子回歸身心容納之窗，試著互相同理和敞開心胸，共同討論這次斷裂的經驗，並且努力修補。

唯有你內心有滿滿的黃金，才能夠產生慈悲、接納、溫暖和同理等正向感受，進而擴及別人。當我們遭受批評，面對不合理要求，或者發現自己的感受和需求不受重視，心裡的黃金就會減少。從現在開始，放下自我批評和完美主義，對自己好一點吧，唯有你心裡的黃金富足滿盈，才能夠跟身邊的人分享，包括你的孩子。

第9章

頭腦和神經系統會決定我們對孩子的回應

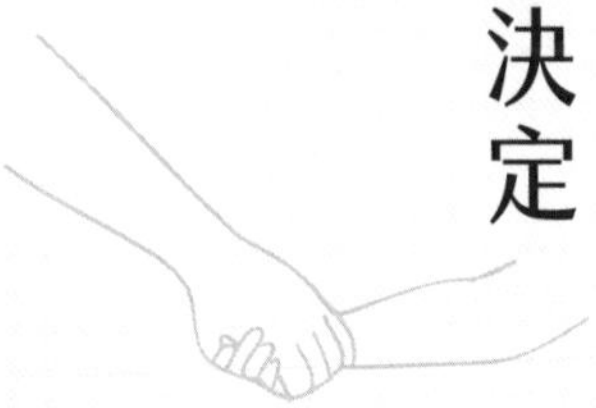

前幾章探討了情緒的意義，以及我們調節情緒的方式如何影響我們對人和對事的感受和反應。前面探討過身心容納之窗，提到我們超出身心容納之窗會變成過度激發或過低激發，會影響我們處理情緒的方式，進而影響別人對我們的回應。前兩章也提到了，父母調節情緒的方式對很多事情都有莫大影響，包括親子依附關係、孩子正在發育的情緒調節系統、孩子的自我意識，以及孩子當下的行為。

這一章會解釋父母跟孩子相處時，為什麼有些人會緊張並產生防衛心，而為什麼有些人會放鬆平靜，到底是哪些腦部區域在作祟呢？我會跟大家說明，腦部身體系統如何改變身心對事情的反應，進而對教養各個面向造成莫大影響，例如親子之間的連結。恕我介紹一些腦科學理論，你會更宏觀理解心連心教養對孩子的影響。一開始，我們先來認識主掌情緒調節的腦部區域，先是情緒反應的控制中樞，亦即邊緣系統。

邊緣系統：教養腦的核心

現在有越來越多神經科學研究顯示，邊緣系統位於腦部中間層，其情緒調節路徑會影響教養過程。我們便是靠邊緣系統的腦部區域，對孩子展現深度的關愛和關懷，尤其是分泌一種強大的神經肽，稱為催產素，可以提升我們對社交訊息的敏感度，在有需要的時候加強人與人的連結和信任，以及跟真正有連結的人產生親密感。為什麼邊緣系統對教養的影響這麼大呢？為了回答這個問題，我們先簡述邊緣系統及其組成，介紹這些腦區如何影響我們對孩子的感受。

什麼是邊緣系統？

我們不妨把邊緣系統想成身體情緒調節中樞，集結好幾個腦部區域，而且跟其他腦區維持四通八達的緊密連結。邊緣系統會處理和整合五感傳來的訊息，例如觸覺、聽覺、視覺和嗅覺，也會接收內在的身體感官，然後精心策劃你該有的反應。邊緣系統會處理跟別人社交互動的訊息，例如對方的表情變化，依據這些訊號來確認安全或危險，決定要接受或拒絕那項體驗。邊緣系統主掌情緒調節的部位，主要是在右腦，這在第二章和第三章就說過了，幾乎所有情緒都是右腦在處理和管理。

邊緣系統的功能

說到邊緣系統的功能，主要是協助我們判斷哪些事物該靠近或逃避。當我們選擇**靠近模式**，身體、心智和情緒都會對那項經驗敞開。當我們選擇**逃避模式**，便會產生防衛心，對那項經驗有所保留，比方胸口或喉嚨覺得緊繃。邊緣系統跟神經系統相連，尤其關乎腦幹（原始腦）所發出的戰鬥、逃跑或凍結反應，我待會再來解釋。無論是對經驗的敞開或保留，這在身體產生的反應很細微，卻極其重要，比方心跳加速或放慢，呼吸短淺或深沉，語調輕柔或緊繃，眼部周圍肌肉放鬆或緊繃，以及聽覺敏感度變化。

情緒會決定邊緣系統對情況的認知，判斷我們該不該靠近或逃避，畢竟情緒對經驗會有負面或正面的感受，這種資訊會儲存在邊緣系統，有點像情緒經驗的目錄，以後再遇到類似經驗，我們就回去查閱。這套資訊系統影響了我們對事物的經驗和期待。

打個比方好了，如果孩子大發脾氣，觸發你憤怒、焦慮、難堪或困惑等失調情緒，下次再遇到孩子可能發脾氣的情況，或者你感受到「發脾氣警報」的訊號，你可能會不自覺緊張焦躁，要不是對孩子的行為過度敏感，就是完全不管孩子當下的感受和反應。無論你有沒有意識到，這種預期性焦躁都會改變你的表情、身體和行為，孩子都感受得到，然後就突然發脾氣了，沒錯就是你最害怕的事情！你也知道大家的情緒狀態會互相交流，所以有感染力。這就是為什麼靠近或逃避模式會加強或抑制親子關係。

邊緣系統和腦幹：直覺、本能和感官

邊緣系統往下連結腦幹，亦即腦部最原始的層次，從腦幹接收身體感官，包括肌肉、骨骼、器官（心臟、腸道和肺部）的感受。這些「內在體感」訊號會透過脊髓和裡面的迷走神經，一路傳輸到腦部的第一個中繼站，也就是腦幹。然後，資訊會投射到邊緣系統和更高的皮質區，把資訊做進一步處理和精煉，讓你有能力控制情緒，但仍要看你有沒有強大的連結網絡。

現代人跟世界的連結日益疏離，逐漸以理智為本位，導致身體傳給腦部的資訊備受省略和忽視，但正是身體感官構成了直覺、本能和情緒，經過右腦其他腦部區域進一步處理，我們才會有自我覺知、同理心和智慧等反應。雖然左腦擅長依照社會規範來控制我們的行為，但顯然不是發自同理心或道德直覺。

如果我們反思自己和孩子的生活，便會發現理智活動凌駕於感官和內在經驗之上，長期下來其實滿危險的。我們只在乎孩子有沒有守規矩，妨礙孩子去連結身體，於是無法覺知觸覺、味覺、自然等體驗。我們太沉溺於科技，科技佔滿我們的時間，讓我們脫離自己的自然身體狀態，於是我們還要特地教孩子理解身體和感官的語言，例如透過正念冥想、森林小學和其他社會建構活動。

神經覺、杏仁核用來察覺威脅或安全

我們都知道一整天的情緒會高低起伏，讓我們有效應付所有的經驗，但我們怎麼知道要適應什麼，進而做出最佳反應呢？一切都是經由神經覺的過程，評估情緒和身體是安全還是危險，這整個過程發生得很快，不在腦幹（腦部最原始的部分）的意識之內，所以並非基於你有意識的覺知或看見，而是仰賴神經系統監控內外在環境，進而收集到各種訊息。

人需要逃避潛在威脅和靠近潛在機會（尋求連結、糧食、發展），為了在兩者之間求取平衡，神經系統必須能夠偵測危險，一旦發現你是安全的，便壓制你的戰鬥、逃跑或凍結反應。如果不先壓制戰鬥、逃跑或凍結等原始防衛策略，根本不可能帶著平靜放鬆的心情來親近別人，或者建立良好的人際關係。

杏仁核如何幫助你評估安全或威脅？

從神經系統輸入的資訊，會傳到邊緣系統其他區域，例如杏仁核、腦島和顳葉皮質（專門回應臉部和手部動作以及聲音）。杏仁核是藏在邊緣系統兩塊看似杏仁的組織，在教養過程中起了關鍵作用，對你和小孩都有影響。不妨把杏仁核想成腦部內建的警報系統，對於威脅信號特別有感，總是保持警戒。任何你收集和感知的資訊，包括內部和外部的資訊，都會經過杏仁核處理，快速評估對你是安全還是危險。如果杏仁核會說話，你會聽到杏仁核反覆提問和回覆這兩個問題——「我安全嗎？」「你在嗎？」

一旦杏仁核做出快速評估，把資訊傳到其他相連的區域，包括腦皮質更高的區域，我們才能夠反思和修正最初的判斷結果，在適當的情況下展開重新評估，或安撫最初的威脅反應。

科學證據顯示，腦部包括杏仁核在內，很容易覺察和優先處理負面訊息，導致人腦不自覺隱含負面偏見。人腦很會歸納危險情境，例如偵測到憤怒或飢餓的掠食者，怪不得我們會對危險特別有感。

記憶、杏仁核和海馬迴：我們的內在劇本

「我安全嗎？」「你在嗎？」等問題的答案，並不是基於理性分析，而是基於非言語的感覺，這會受到你的記憶（情緒和事實）、一般情緒調節模式、依附類型和各種因素影響。杏仁核會跟儲存記憶共同合作，幫助我們修正情緒評估，把更多背景資訊加入情緒經驗中。記憶有外顯和內隱兩種儲存形式，內隱記憶是對事物的「感知」，會轉為意象或情緒基調（emotional tone），通常是我們無法言傳的，卻不知不覺影響著我們，會儲存在腦

部的邊緣系統。情緒記憶，尤其是跟強烈情緒或恐懼有關，特別會儲存在杏仁核，幫助我們學習去恐懼。另一方面，外顯記憶有點像流水帳，通常是我們能夠回想和描述的事件，外加關於過程、時間和地點的事實資訊。

這就是海馬迴派上用場的時候了。海馬迴是腦部針對外顯記憶的虛擬建檔系統，跟杏仁核是密切合作的拍檔，會依據過去的經驗來判定安全與否。一般來說，海馬迴在十八個月大到兩歲之間開始發育，所以在這之前，小孩子會在杏仁核和邊緣系統，編碼內隱非言語的記憶，這就是為什麼幼年經驗會影響我們很久，無論我們有沒有言語回想能力。這是父母親必須記住的重點，雖然孩子還小，記不得事實和經驗，但不表示這些經驗沒有影響力。人生最早發生的經驗，尤其是出生後幾年，對往後的情感調節和依附關係有莫大影響。

舉例來說，如果你出生後幾年，經常感覺父母拒絕你的情緒需求和訊息，可能是父母沒有溫柔地建立連結，或者有別的事情在忙，又或者讀不懂你的情緒需求，導致你後來跟別人互動，總是難以完全放鬆自在。你可能要累積比較多的安全感，才能夠真正敞開心胸，感到情緒安定。如果你小時候曾經被你心中視為危險的大人怒斥，日後每當你察覺任何攻擊的跡象，便會渾身緊張，即使攻擊不是針對你，或者基於理性思考，這攻擊並不值得害怕。就算別人沒有那個意思，你也會想成是攻擊，連你自己也無法解釋，因為你想不起人生哪個片段導致你變成這樣。

防衛策略：戰鬥、逃跑或凍結

身體和頭腦在你還沒意識到之前，就開始感知威脅或安全。你通常要等到情緒反應急遽升高，超出身心容納之窗才會意識到。當你的神經感到安全，你會待在身心容納之窗，對周圍發生的一切保持放鬆和開放。當你的神經感應到危險，你要不是過度激發，進入戰鬥或逃跑模式，再不然就過低激發，進入凍結模式。戰鬥、逃跑或凍結都是防衛策略，幫助我們從生活威脅存活下來。身體和心智會基於自保而做好準備，至於對人際關係的影響，便是對別人關閉心房，引發一連串頭腦身體級聯反應，例如啟動身體的壓力反應。

比方小孩子看到陌生人會不舒服，可見神經覺（neuroception）及威脅防衛系統有多麼發自內心和精密安排。小孩子不可能意識到自己害怕的原因，父母也不明白他為何突然激動大哭，明明那個人再正常不過了，也沒有威脅性，但小孩子的神經系統依然覺察到威脅，所以有這種反應。就算孩子長大一點，能夠貫徹更高層次的腦力，來修正他原本的反應，但他身體的情緒反應仍是主導。

每個人會採取的反應不一，有些人覺得只是輕微的威脅，於是啟動戰鬥或逃跑的模式，但是換個人來看，可能嚴重到要啟動凍結反應。凍結反應只會發生在極為脆弱的時刻，例如被塊頭很大的人攻擊或威嚇，自覺無力反抗。你面對威脅時所感受的脆弱程度，決定你的反應方式。當你覺得越脆弱，控制力越低，越可能採取凍結策略。小孩子特別脆弱，經常要依賴大人，一旦碰到陌生人、情緒不同調的大人、情緒不協調的大人、想傷害他們身體和情緒的人，都會感到深度的威脅，因而採取凍結模式。

健康的人對於社交互動通常有安全感和開放性。如果臨時想不到可行的辦法，首先會採取戰鬥或逃跑反應，促使我們去反抗威脅來源。如果戰或逃也應付不了，才會採取凍結反應。你讀到這裡，可能會把這些狀態看成不同的箱子，一下待在這個箱子，一下跳到另一個箱子，但我說的其實是自然的切換，瞬間起伏變化。這並非截然二分的過程，反之這些狀態之間的界線是模糊的，很難描述是在何時切換。情緒調節好不好，要看你面對安全或威脅時，反應速度有多快，以便依照當下的情況，在各種狀態之間進出。這決定了各種層面的連結和社交關係，包括教養、愛情和友誼。

威脅偵測過程有沒有平衡？

這套威脅評估系統會進化，每當我們遭受意料之外的威脅，以及面對資源不足，都是在磨練威脅評估系統，透過向對手發出暴力和武力，進而確保自我生存。神經覺來得很快，讓我們沒時間平靜下來平衡分析。這套系統會持續演化，幫助我們偵測身體遭受什麼具體威脅。現在大部分的威脅都是心理層面，例如：威脅到自我意識和地位，以及對舒適、控制和自尊的需求。我們在很多情況都會產生威脅反應，例如：遭受批評，來不及在截止日期完成事情，或者無法準時趕到，但其實這些都不會構成生存威脅，可是我們的反應卻搞得像生存危機。因為腦部機制並未與時俱進，我們已經生存在新的時代，卻還在用老舊的頭腦，導致我們對於稱不上威脅的事情，有過度激烈的情緒反應。

我們杏仁核的部分反應缺乏生產力，有時候還會破壞人際關係。每次父母對孩子反應過度，大吼大叫，或者跟孩子相處就覺得有壓力或焦慮，便已經進入「威脅防衛」模式。但是，我們用理智想一想，就知道孩子並不會威脅我們的生存。孩子大哭或抱怨，到底有什麼好怕的？孩子跟兄弟姐妹吵架，甚至發脾氣，到底有什麼好怕的？把事情拉長遠來看，這些都只是小事，但短期來看，我們會受制於杏仁核驅動的威脅反應，導致理性、平衡和同理的能力都短路了。真正的問題不在於孩子做什麼，而是我們以威脅防衛模式來回應情緒。

杏仁核從很早就開始發育了，通常是在懷孕第二十九到四十週，從孩子出生就開始運作。小孩子的神經容易感到威脅，因為小孩子太脆弱了，仰賴我們大人維生。當父母離開房間，父母提高音調展現不認同，或者父母忽視小孩，小孩子都可能感到威脅。小孩特別會受制於神經覺和杏仁核，因為邊緣系統和更高層次的腦區尚未建立連結，因此無法針對自己和別人的反應展開反思和理性評估。由此可見，小孩本來就會有強烈的情緒，通常是因為大人更高層次的腦區習慣去忽略和評價孩子的情緒，或者對孩子的情緒不耐煩。那我們該怎麼做呢？只要記住了，小孩的頭腦要等到年紀大一點，才會發育「關閉」、「停止」或「重新開機」的按鍵，在這之前都要借用父母的腦袋。父母的功能是在小孩有情緒反應時安撫他們，因為他們無法感受到安全，唯有小孩再度感到安全，糾正他們才有意義。

神經覺可能是錯的，杏仁核也可能過度警戒

假設你的小孩神經正常，你總是以安全為前提來教養孩子，有合理的情緒同調和溫度，讓孩子的神經覺運作正常，危險時可以偵測危險，沒有危險時感到安全。不過，有些人的神經覺可能永久失常，導致對潛在危機視而不見，比方孩子毫無警覺性，跟陌生人玩得很開心，或者明明沒有危險卻覺得有危險，譬如人家語氣正常，卻硬是覺得人家「在生

氣」。一旦威脅偵測系統太過活躍，例如有創傷的人，很多時間都處於防衛狀態，跟別人相處的時候，根本無法發自內心感到「安全」。除非我們感到很自在，否則無法親近別人或接受碰觸，或者難以敞開心胸相信人。人難免會有錯誤的神經覺，舉凡我們有壓力，身體不舒服或睡眠不足的時候。

雖然杏仁核在嬰兒期就快速發育，但每個人的發育情況不一，端視你的經驗或遺傳基因而定。如果你把杏仁核想成音量鍵，可以調升和調降，有些人的預設值天生就比較高，對威脅較有警覺性，就連別人覺得無害的事情，都可能感到焦慮或有防衛心，這種人的經驗不自覺染上懷疑、負面或恐懼的調性，傾向從負面角度看待別人的行為。因為杏仁核是他們從小看事情的濾鏡，順應他們童年環境或基因編碼發育而成。如果右腦杏仁核的活性高，天生容易焦慮，很難相信別人，為了讓自己有安全感，必須把很多事情都掌握在手中。

神經覺系統和杏仁核的敏感度，將影響你們親子相處時是放鬆還是焦躁，所幸現在有方法可以鎮定杏仁核，最有效的就是這本書提供的正念練習。慈悲心也有安撫杏仁核的效果，如果你的孩子極度焦慮，容易情緒失調或壓力大，他對你的情緒調性波動會比較敏感，需要更高強度的安撫和調節。第九章和第十章都會介紹專門的練習，幫助你培養慈悲心。

為什麼我們會對孩子發脾氣：邊緣系統挾持

這本書說到情緒和情緒調節，目前為止都在探討**上行系統**（bottom-up system），亦即神經系統迅速從身體和環境，感知到生理、非言語、直覺的訊息。杏仁核正是屬於上行系統，不自覺就開始處理訊息，速度凌駕於準確度之上。換句話說，如果上行系統很活躍，你會覺得是事情找上門，你對這些直覺反應毫無掌控力，一下子就陷入這些感官，懷抱著錯誤思考和過度反應。

如果你都從感官來思考，這是很「激昂」的系統，一下子就發火了，什麼事情都往心裡去，無法退一步思考可能的癥結點。舉個例子好了，如果你在大半夜聽到大聲響，心跳會突然加速，第一個可能會想到有事情要發生了，不出幾秒鐘，你滿腦子都想著最糟的情況，一直要到後來，理智才會逆轉勝，讓你開始思考更可能的解釋。

下行系統比較冷靜和緩慢

另一方面，**下行系統**（top-down system）並沒有跟身體直接相連，只能夠接收杏仁核和其他腦區處理過的資訊。下行系統比較冷靜，主要位於前額葉皮質（前額後方比較高的腦區），可以幫助你跟立即直覺情緒反應切割。如果下行系統很活躍，你不會覺得事情找上門，反之你會退一步問自己：「到底發生什麼事了？」你會質疑和重新評估自己的立即反應，懂得換位思考，從第三方的角度覺察和感知事情的原因。上行或下行系統的資訊，最終都會傳到前額葉皮質，以平衡整合的方式完整評估資訊，這攸關情緒調節、決策和自我控制的成敗。你想必也注意到了，孩子還小的時候，經常做不到這樣，每件事都往心裡去，因為小孩子還沒有下行系統，無法對事情產生多重解釋。

當上行和下行系統充分連結，發展健全，一些跟杏仁核緊密相連的腦區（前扣帶皮層、眶額葉皮層、前額葉皮層的較上側的腦區）都會幫忙抑制杏仁核無謂的衝動。這些部位會往下傳訊息，修正並調和杏仁核最初的評估，進而改變我們對事情的感知。下行系統比較慢，可以讓我們冷靜下來，回歸身心容納之窗，調整自己的反應。我們會控制自己，避免對孩子發火，不隨便丟下孩子，而會好好控制情緒和行為。下行系統也會去質疑、調整並重新評估最初的情境評估，正因為如此，我們才能夠控制本能衝動，比方節食的時候想要吃蛋糕，忙碌和心事重重的時候想要吼孩子，或者做一些理智認為無濟於事的事情。我再提醒大家一次，這些都不是孩子一下子學得會的，即便你告誡他無數次要把鞋子擺好，但只要當下有更值得做的事情，他就會忍不住先做別件事。

大部分的人都會發育出健全的控制系統，但仍會經歷杏仁核「劫持」事件，導致我們失去理智，做出情緒化的衝動行為，後來悔恨不已。這是因為杏仁核驅動的上行系統比較快，更何況從杏仁核出去的連線，遠比前額葉皮質出去的更多，我們才容易受制於本能反應。杏仁核馬上會影響前額葉皮質，但前額葉皮質要等到後期，才會回傳反應。一旦讓杏仁核知道大半夜有聲響，便立刻劫持上皮質區，關閉任何理性思考，這容易發生在壓力大或睡眠不足的時候。

威脅系統是要讓我們躲避熊

如果從演化的觀點來看，人腦經過無數年演化，上行系統經歷人生各種威脅，例如掠食者的追殺。假設要跑給熊追，你要把所有能量儲備都化為行動，而非思考。你不用費心分析路徑，因為稍微停頓一秒鐘，就可能馬上沒命。你也不想分心欣賞小花，或者從樹葉縫隙灑落的陽光，否則你的競爭力會下滑。你也不想管其他有類似危險的人，因為都這個時候了，同理心只會拖慢速度，讓你陷入危險。

前額葉皮質能夠推論、想出替代方案、解決問題和評估各種選項，在這種性命交關的時刻，反而淪為次要了。人類把高度認知功能關閉的能力，具有適應環境的優勢，至今依然存在。當我們接收到杏仁核的警報，無論是生命危險，還是自我、確定感或控制欲受威脅，你換位思考的能力就會減弱（也就是同理心和認知彈性）。杏仁核對威脅的跡象越來越敏感，導致你陷入負面和恐懼反應的迴圈。一般來說，這種以威脅為基礎的反應是暫時的，你很快就會恢復完整的能力，但如果你本身有情緒失調的傾向，身體和頭腦必須花更長時間才能夠關閉威脅信號。記住了，壓力和睡眠不足（尤其是你無法控制的長期壓力），通常會擾亂下行系統，同時強化杏仁核反應，導致陷入壓力週期無法自拔。

有時候孩子對我們而言是威脅

你現在知道了，杏仁核發警報還滿主觀的，有些人不覺得孩子的噪音吵，但有些人聽得很痛苦，比方你父母不太會調節情緒，你孩子的情緒就可能威脅到你，每次跟孩子相處，當孩子強烈情緒失控，你就會發生杏仁核劫持事件。如果你心裡有很多規則，覺得孩子「應該」有怎樣的行為，就算孩子只有三歲，腦部發育不全，明明做出一般三歲小孩的舉動，但只要不符合你的標準，你也會覺得他不守規矩，將其視為威脅。如果你是內向的人，需要時間放鬆，小孩子在旁邊吱吱喳喳，就連無傷大雅的小事，比方你在煮飯或做事情，小孩子想找你說話，也可能被你當成威脅。有些人一下子就會遁入戰或逃模式，跟小孩相處似乎很容易這樣！為了避免對孩子過度反應，你必須馴服杏仁核，挑戰你有關情緒和行為的心智模型。經常做這本書的正念練習，都會幫助你達到這個目標。

正念練習08・跟孩子相處時有安全感，而非帶著壓力

在這項呼吸練習，我希望你呼吸緩慢而放鬆，讓你能感到舒服自在，也能更容易對孩子保持慈悲心。

- 呼氣的時候，盡量加深和放輕鬆，開始觀想你孩子的臉。
- 注意你神經系統的變化，然後加以調節，讓你真正平靜放鬆。
- 注意你左側的臉，覺察你想著孩子的時候，有沒有歪嘴（鄙視的表情），或者臉部肌肉緊繃。右腦專門控制左側身體，導致跟威脅有關的情緒容易顯現在左側臉。現在放鬆你的臉部肌肉。
- 繼續把呼氣放慢加深，拉得比吸氣更長，試著在心中升起溫暖的感受（例如金黃色的光）。
- 覺察你的嘴角有沒有微微上揚，露出微笑，這是跟慈悲心有關的表情。
- 如果你想到孩子，會感到壓力或負面情緒，這很正常的，現在放下評斷心，輕聲告訴自己，「沒關係，孩子只是做他現在做得到的事情。」
- 現在把美好放鬆的反應連結你孩子的意象。

・多試幾個你孩子的意象，直到你感到平靜和開放。
・把你每個孩子都觀想一遍。

第九章

重點整理

心連心教養仰賴腦部邊緣系統，邊緣系統就像處理中心，專門從身體接收情緒相關訊息，可以幫助你深深關愛孩子。

神經系統會確認你是安全還是危險，這個過程稱為神經覺，通常不自覺就發生了。杏仁核為了評估危險，會運用自身儲存的非言語內隱情緒記憶。杏仁核也會跟海馬迴合作，海馬迴是事實記憶的儲存系統，例如你有意識回想起的情境，可以幫助你評估你所面對的經驗。

唯有你的神經感覺到安全，處於身心容納之窗，你才能夠跟孩子建立連結。當你的神經感到威脅，杏仁核和其他腦部區域會發警報，啟動級聯反應，包括「戰或逃」或「凍結」的防衛策略。

小孩子缺乏更高的腦部區域，無法修正最初的威脅評估，所以一下子就會進入防衛狀態，加上小孩子很脆弱，不一會就遁入過度激發或過低激發。

如何跟孩子建立有意義的連結，必須滿足三大條件。前面幾章談到了開放覺察，後面幾章說到了情緒調節，接下來本章要探討情緒安全，攸關孩子跟我們相處的感受。現在大家知道神經覺的過程，以及杏仁核如何評估威脅或安全，也知道唯有在神經生理安全的狀態才能夠心連心教養孩子，當我們準確偵測威脅和發出安全信號的能力經常失靈，便可能在沒有危險的情況，硬是啟動防衛反應，或者在面臨潛在危險的時候，無法適當評估風險和採取行動。

這一章介紹神經系統在心連心教養的關鍵角色。一旦神經系統稍有變化，便可能強化或抑制人與人的連結。我的教養法有一個重要的環節，正是仰賴迷走神經的完美鎮定功能。當我們感到安全，上迷走神經會啟動，對於調節情緒、社交互動和親密感有所幫助。這參考史蒂芬・波吉斯（Stephen Porges）的名著，他提出迷走神經理論，讓大家深入理解心理或情緒安全有多麼重要，對心臟健康、腸道健康及情緒心智健康都很好。他強調唯有人與人互相調節內在狀態，直到彼此同步，才有可能建立連結。

情緒互動相當於生存

人類整個種族的生存，取決於父母的育兒能力，尤其母親能不能讓孩子活下來，包括餵飽孩子，在情緒和身體滋養孩子，直到孩子能夠自給自足為止。母親要有心關懷孩子，覺察孩子的需求，並且有滿足這些需求的動機，不管要忍受多少不舒服。人類有很長一段歷史，經常要面對糧食和資源短缺，母親甚至要不吃不喝來捍衛孩子的生存。

在人類完全獨立之前，父母需要花很長時間養育孩子，所以必須對孩子有深層的愛、喜悅和連結，才能忘卻過程中莫大的挑戰、犧牲和困難。既然這攸關人的生存，怪不得邊緣系統要監測身體和情緒的安全感。

換句話說，安全不只是沒有威脅而已。為了感到安全，我們的情緒必須有被別人理解、關懷和連結的感受，要是缺乏這些感受，便無法存活。這並非言語的連結，而是情緒互動和當下同步，由於攸關我們的生存，所以我們的身體和頭腦會持續掃描和監測身邊的人的表情，尤其主要照顧者，確認有沒有連結或失連的跡象。

情緒互動是安全感的基礎：「淡定臉」實驗

當我們跟別人社交，自然會期待有互動、連結和共同調節，一旦跟我們期待不符，便

自律神經系統分成兩支：交感神經系統（SNS）和副交感神經系統（PNS）。交感神經會提高心跳和代謝，而副交感神經會降低心跳和代謝。交感神經會刺激你展開行動，副交感神經會讓身體放鬆穩定。這兩個系統如何互相協調，會影響你調節情緒和處理壓力的能力，也會影響你的身體健康和人際關係。

交感神經系統（SNS）

交感神經系統會因應內外在環境的資訊，為你做好行動準備，比方你要自我防衛，啟動戰或逃反應，或者你正要參與身體或心智活動，例如：運動、遊戲、展開艱難任務、在期限內完成工作或挑戰。這是一種主動積極的狀態，身體會分泌腎上腺素和正腎上腺素等物質。腎上腺素會加快心跳，改變呼吸模式，擴大眼睛瞳孔、促進能量釋放，以及提升警覺性，讓我們準備迎接戰或逃反應。

當壓力系統啟動戰或逃機制，下視丘／腦下垂體／腎上腺的軸線（HPA）也會跟著啟動，導致身體分泌壓力荷爾蒙皮質醇（cortisol）。短期內分泌皮質醇，有助於克服挑戰，但如果始終無法平靜下來，比方壓力源永遠都在，或者你無法好好調節情緒，便會陷於壓力的迴圈。長期壓力和皮質醇居高不下，會降低體內的「好感」荷爾蒙，例如多巴胺和血清素，人會開心不起來，永遠覺得不滿足，焦慮和憂鬱的風險也會提高。

體內皮質醇居高不下，身體會開始發炎，影響心臟健康，導致心血管疾病、高血壓和中風的風險提高，也會導致性功能障礙、體重上升、荷爾蒙不平衡和肌肉緊繃。這會傷害海馬迴（記憶系統）的功能，導致記憶喪失，甚至干擾情緒調節能力。大家記住了，只要你感知到威脅，急需精力和資源，比方做家事、運動、煩人的信件、負面或痛苦的念頭、難熬的經驗，交感神經系統便會啟動，譬如你已經夠心煩了，孩子還打斷你，怪不得現代人都疲憊不堪，把自己逼得很緊，陷於某個模式無法自拔。這對孩子的內在狀態有什麼影響呢？

副交感神經系統（PNS）

副交感神經系統負責安撫身體反應，幫助你回歸平衡狀態，例如：心跳放慢，進而保留體力，好好消化食物，感到平靜、滿足和放鬆。你睡眠的時候，副交感神經居於主導，等到你早晨起床時，交感神經便會啟動。正因為如此，副交感神經稱為主掌「休息和消化」的系統。有一些觸發放鬆反應的活動，例如冥想和瑜伽，都是透過加深呼氣，刺激我們的副交感神經，讓我們平靜下來。

當副交感神經活躍起來，你更容易覺察身體傳來的訊息，對身體做適當反應，進而關閉外在環境對你的影響。神經傳導物質乙醯膽鹼（acetylcholine）會放慢心跳，讓體內器官恢復正常。交感神經和副交感神經理應互相配合，隨時同步運作，只可惜現代生活步調太快，行程滿檔，交感神經躍升為主導地位，破壞自然平衡，導致我們不夠平靜，無法建立真正的連結。

副交感神經的幕後功臣是迷走神經

迷走神經是副交感神經系統的主要神經，這是很長的漫遊神經，從頭頸部的腦幹開始，一路沿著脊髓，透過無數條分支通往心臟、肺部、腸胃、腎臟和生殖器等器官。這是很忙碌的神經，把身體各部位的訊息傳到腦幹，這些訊息再從腦幹傳到杏仁核、腦島（刺激同理心和身體覺知）和前額葉基底區（幫助我們處理別人的社交情緒訊息，具備道德直覺），再進一步通往前額葉皮質區，完成更精密的資料處理。迷走神經也會把腦部的訊號，傳到臉部、頭部和身體器官，依照腦部對安全和威脅的評估，調整身體狀態。不過，迷走神經絕對不是簡單的傳輸線而已。

迷走神經有兩個分支，分別是下迷走神經和上迷走神經，各有不同的功能。

下迷走神經主掌凍結反應和消化

迷走神經的下半部，稱為下迷走系統，這是比較原始的系統，可以連結腦部和橫隔膜以下的器官，例如腸胃，或者把腸胃內部環境的訊息傳到腦部，幫助消化和放鬆。當我們放鬆、安於當下、睡覺和呼吸平穩時，主要就是下迷走系統佔上風。如果是下迷走系統為

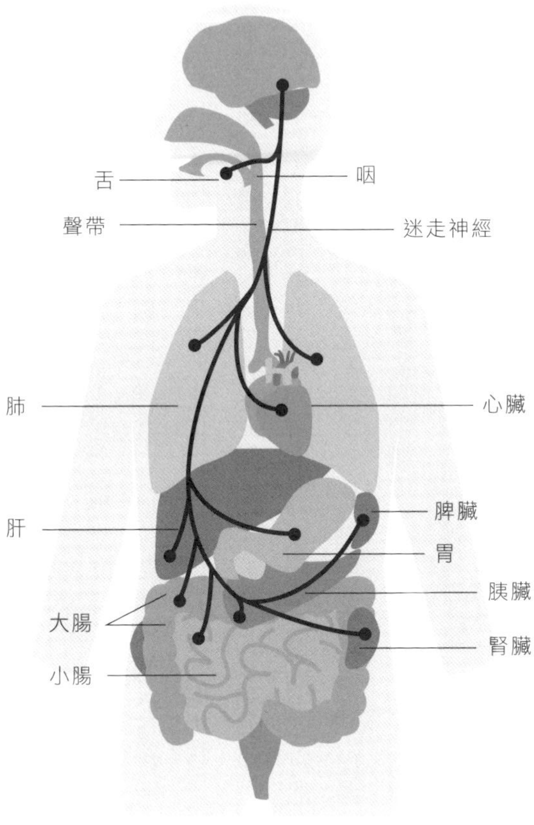

▲ 迷走神經

主，你只想活在當下。當我們處於安全的狀態，便會善用下迷走系統來修復細胞和器官，這是在危險狀態之下做不到的事。反之，當你處於危險的狀態，交感神經系統會激發戰或逃反應。那麼凍結反應呢？人類自古以來面對威脅的時候，便會觸發凍結反應，正是靠下迷走系統精心安排，心跳和體力降到極低，處於「關機」狀態，這可能只持續一下子，例如面對聚光燈的時候，像小兔子一動也不動，但也可能持續很長的時間，端視強度而定。

如果交感神經系統很活躍，會壓制下迷走神經迴路，把消化和放鬆擱置一旁，全力處理挑戰和威脅。一位情緒失調、有壓力，傾向過度激發或過低激發的人，可能會出現腸道問題，例如大腸激躁症，這是因為下迷走系統沒有充分發揮的緣故。我工作遇到幾位企業客戶，習慣壓抑情緒，不懂得公開表達和處理情緒，通常也有腸胃不適的問題。你自己想必也有經驗，或者從孩子身上觀察到，腸胃不適經常伴隨情緒失調而來。

上迷走系統會幫助我們調節情緒，並且維持在身心容納之窗

迷走神經的上半部，稱為上迷走系統，連結腦部和橫隔膜以上的器官，例如心臟和肺部，把心跳和呼吸維持在健康的範圍，支持我們建立連結，而非樹立防衛心。上迷走系統就像管絃樂團的指揮，負責協調、控制和限制交感神經系統和下迷走系統，讓我們保持平靜和活在當下。上迷走系統連接心臟的竇房結，竇房結會調節心跳，相當於**迷走神經的煞**

車，把心跳維持在健康的範圍，讓我們保持在身心容納之窗。要不是這個煞車，心臟跳動的速度會快很多，便無法維持人際關係必要的平靜狀態。如果我們老是在戰或逃或者凍結模式，都不利於教養。

上迷走系統是後來演化的，能夠控制和抑制比較古老的交感神經系統，以及副交感神經系統的下迷走神經，以免你反應過度，一下子就陷入戰鬥、逃跑或凍結模式。這是很聰明的系統，如果我們有需要，上迷走系統稍微放開迷走神經煞車（心臟起搏器），一下子就會提高心跳，卻不會像啟動交感神經那樣產生強烈反應，否則啟動交感神經太傷神了，反應也沒有上迷走神經快。

上迷走神經也會踩煞車，讓我們放慢心跳，卻不會遁入凍結模式，否則凍結模式是直接關機，容易反應過度。上迷走神經真的很優雅，想像你正在移動，如果你想用正常的速度走路，上迷走神經就稍微放掉煞車，但如果你想要開始跑步，上迷走神經就直接放掉煞車，任由交感神經系統發揮，畢竟跑步比較耗體力，心跳也要快一點。

溝通也很適合解釋上迷走神經。你說話的時候，心跳需要快一點，上迷走神經會稍微放掉煞車，反之你傾聽的時候，必須保持平靜，讓自己慢下來，用心觀察對方的反應，以免打斷對方、自顧自說話或者太激動，導致無法好好對話。如果你超出身心容納之窗，進入過度激發狀態，心跳得太快，可能會興奮或不安到無法傾聽。

小孩子的上迷走神經發育不全，所以當他們很興奮，急著把話說清楚，或者心情焦慮的時候，容易打斷別人說話，或者自顧自說個不停。除了小孩以外，我發現有些大人也是如此，尤其是在工作或社交場合。

迷走神經煞車時快時慢，讓我們保持在身心容納之窗，對別人和難關做出適合的回應。這就是心理韌性！有了上迷走神經，就算有很多事情要忙，有很多需求要滿足，孩子又剛好情緒失調不聽話，我們仍可能保持平靜、正念和同理。大家都知道不容易，但有些人就是做得比較好，因為他們的上迷走神經有發揮功用。唯有上迷走神經迴路佔上風，戰或逃反應才可能關閉，才可能抑制壓力，你會跟別人自然而然連結，讓身體從壓力和緊繃轉移到療癒和復原。這對於健康和情緒韌性極為重要。

上迷走系統帶來心連心的連結，沒有威脅

人類演化的過程中，上迷走神經的發源地腦幹，有一個區塊叫做疑核（nucleus ambiguus），也會開始控制臉部一些肌肉，讓臉部跟心臟有所連結。上迷走神經迴路不僅連接前額葉基底區和其他腦部區域，跟情緒社交訊號的處理和回應有關，此外也控制上半臉的肌組織，例如傳達情緒的眼周小肌肉，中耳專門感受言語頻率的肌肉，頭頸部讓我們邊說話邊動臉的某些肌肉，以及咽喉調節音調的肌肉。

上迷走神經甚至跟吞嚥有關，怪不得情緒激動的時候會吞嚥困難。神經覺系統和杏仁核都是靠臉部和聲音特徵的訊息，評估人跟人的互動是安全還是危險。臉部肌肉是傳達情緒的管道，頭部動作、眼神、眼動和音調都會展現情緒。這些元素合起來便是史蒂芬・波吉斯所謂的「**社會互動系統**」（social engagement system），也就是孩子和其他人說話時，能傾聽並辨認表情，進行溝通。

每當開啟社會互動系統（始於上迷走神經迴路），心跳會因應社交互動起伏，在一定範圍內波動，但前提要讓神經覺得安全。唯有臉部肌肉放鬆，表情多變的時候，才可以展現更多元的情緒，溫柔看著對方的眼睛，而非面無表情，眼光緊盯著某處，或者表情太僵硬，又或者無法直視對方，看一下就飄走了。聲調會自然放柔，有抑揚頓挫，像音樂一樣悅耳。發自內心的微笑，因為我們知道，大家都喜歡看到笑容，而且是「杜鄉的微笑（Duchenne smile）」，亦即真實的微笑，眼睛和嘴巴都笑咪咪的。做好傾聽者的角色，不只聽到對方說的話，也看得到說話者的情緒狀態和意圖。

如果社會互動系統暫時關閉，或者發育不全，上臉部肌肉就沒有變化和表情，反倒是下臉部肌肉（跟交感神經系統有關）比較活躍。如果我們的神經感受到威脅，眼神會改變，四目相交的頻率和深度也會受影響，眼周小肌肉開始緊繃，語調有一點平淡或尖銳，有可能開始大吼大叫或大發議論，由於無法阻斷外在雜音，所以聽不見別人說的話。在這種狀態下，怎麼可能同理和連結孩子呢？我們讀不到孩子的內在狀態，也無法讓孩子感到安心。如果社會互動系統不夠健全，或者不小心遁入威脅防衛模式，便可能自顧自說個沒完，不管對方有沒有話要說，也會忘記要互相忍讓。我們負責覺察語調的身體系統，剛好也負責調節心跳，這也難怪我們在人際互動的所見所聞，都會讓心跳上升或下降，尤其對方是我們期待或需要的親密互動對象。

父母的社會互動系統會影響孩子的安全感、連結和身體健康

當我們的神經沒有感到威脅，同時透過溫暖同調的社交互動，感受到人與人真正的連結，會油然而生安全感。一旦處於威脅狀態，無論是輕微或重度，交感神經系統或下迷走系統的凍結反應便會佔上風，而上迷走神經會頓時關閉，導致連結、消化、放鬆、身體修復和復原、其他有益健康的活動都會受影響。上迷走系統不僅會調節心跳和呼吸，讓我們感到平靜、安全、情緒調節和身體健康，還會讓我們盡情表達情緒並且讀懂別人臉上的表情。

如果你的互動對象有健全的社會互動系統，你跟他相處會感到情緒安全。情緒安全關乎平靜、舒緩、身體健康和幸福，以及跟別人建立互惠、溫柔、心連心的連結，這跟人類基本需求同樣重要。我們從此對孩子的需求徹底改觀了。孩子的頭腦會持續掃描大人的表

情和語調，確認大人有沒有跟他站在同一陣線，但孩子自己並沒有自覺。你有沒有跟孩子情緒互動，讓孩子感到安全和支持，願意打從心底信任你呢？還是說，孩子對你關閉心門，因為你會刻意或不自覺排擠他或威嚇他？你的表情和語調稍有變化，總會不自覺透露你的內在狀態。

唯有你溫柔看著孩子的眼睛，表情豐富，語調抑揚頓挫且悅耳，孩子才可能感到安全，因為這些條件讓神經有安全感。大人跟嬰兒說話，自動切換到溫柔尖銳的音調（媽媽語），這絕非偶然，而是生物本能，我們天生就知道如何安撫嬰兒的內在狀態。人天生就會調整音調，知道低頻率（機器）和高頻率的聲音會引發危險意識。我們感到最舒緩的聲音，莫過於來自健全社會互動系統的言語頻率，類似媽媽唱搖籃曲給寶寶聽的聲音振動。不過，有些人的神經覺系統不適應人聲，或者對於人講話的聲調特別敏感，聽到人聲反而沒安撫效果。

當母親開啟自己的社會互動系統，一切運作正常，母親和孩子的情緒自然會同調，有助於嬰兒發育腦部的情緒調節迴路。這是一種溫柔、柔韌而開放的狀態，你自己和對方都會感到自在。反之，如果生活忙碌壓力大，交感神經系統佔上風，導致社會互動系統關閉，孩子會感到壓力和脆弱。如果經常發生這種情況，孩子根本沒機會跟你在放鬆、緩慢和寧靜的狀態下連結，也會影響孩子的情緒和身體健康。我們不可能永遠維持安全的狀態，但至少要有一些感到安全的時間。真正花時間放慢心跳，再搭配深長而緩慢的呼氣，放鬆眼周和雙顎的小肌肉，把注意力放在孩子身上，用心聆聽他們說話，甚至持續一段時間，試著在那段時間放下我執，只要專心跟孩子同在，盡情沈浸在你跟孩子同步的感覺中。

正念練習09．抑制交感神經和活化副交感神經

這個練習是為了控制交感神經，活化上下迷走神經迴路。即便你想要啟動副交感神經，但如果在過程中評價自己，對自己要求太高，你還是在啟動交感神經！因此不要強求，你要懷抱的不是評價，而是好奇心。這個練習並沒有對錯，有練習總比沒有好。你只要覺知，不要做任何評價或評估。這本書的練習都是在連結你身體的感受，而非你頭腦的想法。很多人覺得很難，但仍願意一試。我有些個案第一次做這個練習，根本察覺不到自己的心跳，但經過幾個禮拜練習就沒問題了。

坐在安靜的地方，身體放鬆，但仍要抬頭挺胸，閉上雙眼，照著下列步驟去做：

❶ 先試著調節吸氣和呼氣，讓吸氣和呼氣的長短一致，例如吸氣四秒，呼氣四

秒。一如既往，把氣息吸到前額中央處，把氣息呼到心窩和胸口。

❷ 當你呼氣從一數到四，一邊把呼氣放柔，一邊主動放鬆臉部和上半身的肌肉。

❸ 過了幾分鐘，開始慢慢加深呼氣，試著從一數到五或六。

❹ 每次吸氣和呼氣之間閉氣四秒鐘，但前提是你覺得舒適。閉氣會啟動下迷走迴路的安全狀態。

❺ 現在吸飽氣，試著輕輕收縮喉嚨，趁呼氣的時候，發出氣體通過氣管的聲音（這在瑜伽稱為「勝利呼吸法」）。這種呼吸會安撫和平衡神經系統，如果你持續幾分鐘，會發現你的心開始清明，明顯感覺自己慢下來了。如果你沒有意願做，也不用勉強自己做，做一般呼吸法就可以了。

有時候你壓力大心情焦躁，或者單純沒心思做這個練習，可能要先做幾個深吸和深吐，無論如何都把氣吐乾淨（你可能覺得呼氣有點勉強，但是沒關係），盡量讓身體沉下來。重複練習幾次，直到你重新穩定自己，然後再做這個完整的練習。

重點整理

嬰兒天生就會觀察母親的情緒回應和情緒互動，確認母親有沒有意願跟他互動。這種親子之間的同步情緒互動，決定了孩子的安全感。

當杏仁核偵測到是否安全，便會把訊息傳給自律神經，做出相應的回應。

自律神經系統有兩大分支：交感神經系統（SNS）和副交感神經系統（PNS）。交感神經為你做好行動準備，副交感神經會幫助你復原和平靜。這兩支神經在切換的時候，絕對不是非黑即白，而是像變色龍一樣，依照背景情況變換不同的顏色，以及漸層的色調。

副交感神經以迷走神經為基礎。迷走神經分成兩支，分別是上迷走神經和下迷走神經。下迷走神經會在面臨危險時，促發凍結反應；反之，在安全的狀態下，幫助我們休息和消化，以及器官和細胞的成長和復原。

當我們感到安全，處於身心容納之窗，上迷走神經迴路會開始活躍。迷走神經煞車會順應我們所見所聞，幫助大家切換內在狀態，但整體仍是情緒調節和平靜的狀態。

值得注意的是，上迷走神經迴路所發源的腦區，亦即位於腦幹的疑核，這剛好是腦部負責控制臉部肌肉的部位，包括眼周表達情緒的小肌肉，中耳接收言語和音調的肌肉，頭頸部隨著對話而擺動的肌肉。

心臟直接連結臉部，這個管道讓我們表達愛和情緒，賦予心連心教養另一個層次的意義。

孩子從你表情和聲音就覺察得到你沒有安全感，孩子也會感覺到你缺乏情緒互動，於是會陷入交感神經反應，無論反應是輕微或強烈，他的神經都無法感到安全。

副交感神經的上迷走神經和下迷走神經，共同守護我們的睡眠和消化，器官和細胞的修復和成長，以及情緒調節、情緒表達和人與人的連結，這些都必須以安全的狀態為前提，而迷走神經把這些都串起來了。

第 II 章

情緒安全如何影響日常教養模式？

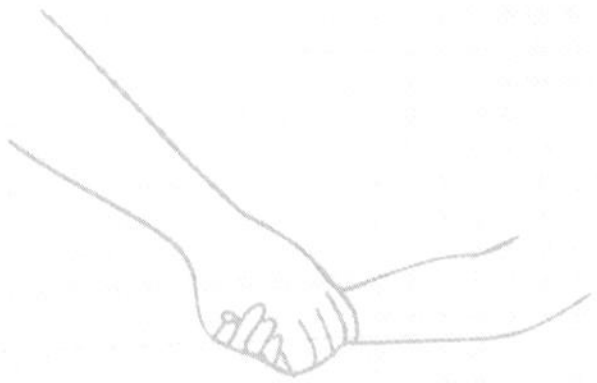

第十章介紹自律神經系統，包括交感神經和副交感神經。我也順帶提到副交感神經系統的上迷走神經，又稱為迷走神經煞車，讓我們機動調節情緒，在激動和平靜的狀態之間自由進出。

這一章會解釋這些神經系統對日常親子互動的影響。我會幫助你覺察和管理你的社會互動系統，讓教養變成皆大歡喜的事情。

社會互動系統如何促成各種跟教養有關的狀態

你是感到安全還是威脅，會影響神經系統換檔的方式。交感神經（上行調升作用）和副交感神經（下行調降作用）之間的切換，絕對不是非此即彼的二元過程（彷彿你只有激動或平靜兩種狀態，沒有灰色地帶），反之想像自己是一隻變色龍，會隨著背景環境快速變色。你是很精密的變色龍，有很多色調可以選，每個色調還可以漸層。這就是神經系統的運作原理，激動和緩和的程度端視你該如何對環境做出最佳反應。

情緒調節做得好或壞，關乎你能否順應環境的需求，在各種狀態之間迅速切換。交感神經和副交感神經的兩支迷走迴路，能夠促發數種情緒狀態，其中幾種是孩子期待父母有的狀態。下圖列出各種激化和安全威脅程度的組合，對教養可能有什麼影響。

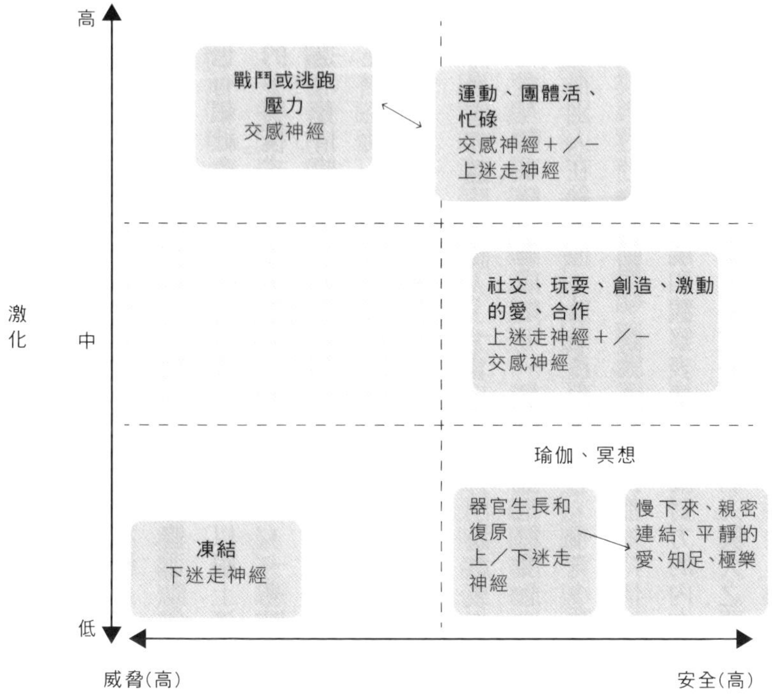
高
中
低
激化
戰鬥或逃跑
壓力
交感神經
運動、團體活、
忙碌
交感神經＋／－
上迷走神經
社交、玩耍、創造、激動
的愛、合作
上迷走神經＋／－
交感神經
瑜伽、冥想
器官生長和
復原
上／下迷走
神經
慢下來、親密
連結、平靜的
愛、知足、極樂
凍結
下迷走神經
威脅(高)
安全(高)

如果孩子容易情緒失調，你的作法必須視觸發而定，比方孩子過度激動的頻率很高，你先反省自己，確認你的內在狀態是否平靜，透過呼吸練習啟動你自己的社會互動系統，跟孩子一起調節情緒。呼吸練習很簡單，吸氣從一數到四，閉氣從一數到四，呼吸從一數到五，再觀想你孩子微笑和喜悅的意象，這往往立即見效！但是，如果你已經進入戰鬥、逃跑或凍結的模式，可能要花更長的時間練習。

我們天生就會掃描周圍環境，判斷我們是安全還是危險，一時之間有太多視覺或聽覺刺激，孩子本來就會招架不住，導致過度警覺。雖然每個小孩子不一樣，但人為刺激不一定對孩子有好處，尤其是小孩年紀小，還沒學會對這些事物減敏（desensitize）。你可能要觀察孩子的睡眠模式，確認你們家的生活模式平不平衡，一方面要有事情可以活化交感神經，讓孩子學習應付壓力和焦慮，另一方面要安撫並鎮定小孩子。不妨把睡眠和休息擺第一，每個禮拜至少有一天，全家人放下腳步，擺脫任何壓力，一整天都在放鬆，讓孩子有自己的時間，不指使他們做什麼事，單純讓孩子自由發揮。

四目相交、杏仁核和教養：我們真的有在連結嗎？

杏仁核和其他有關神經覺的邊緣系統，對於眼神和瞳孔光反射變化格外敏感，也很在意眉毛周圍和眼周肌肉的小動作。這些臉部訊號也關乎我們的同理心，以及我們理解別人怎麼想和感受的能力。現在花時間想一想，這對於教養有什麼意義，尤其在這個大家都忙碌，心思被很多事情佔滿的年代，最值得擔心的就是四目相交的機會變少了！既然孩子會從眼神接觸來評估是否安全，父母親卻經常在忙，心事重重，沒時間正視孩子的眼睛，怪不得孩子會感到失去連結，不確定自己跟父母相處或者生存在這個世界的安全感。孩子也難以評估自身的經驗，因為他們要參考父母對事物的反應。

我專門探討依附關係的那一章提過，小孩從父母身上獲得非言語情緒反饋之後，便會建立自我意識。隨著孩子長大，逐漸相信跟別人互動是安全的，就算沒有四目相交也沒關係，因為儲存很多四目相交的正面經驗，但是當你親近的人或期待給予安慰和連結的人，並沒有透過肢體語言跟你生理互動，無論你是大人或小孩，內心都會有波動。

幾年前，我開始研究情緒調節背後的科學，我才發現當我忙著做事情，或者生活忙碌壓力大的時候，通常會自顧自說話，完全無法慢下來，看著孩子的眼睛。我寧願孩子乖乖聽我說，乖乖把事情做好，不要讓我操心。我後來明白，如果這種失連的溝通方式持續一段時間，孩子的行為難免會偏差失調，要不是疏離，就是過度興奮。我到現在還是有這種情況，只要我連續好幾天忙自己的事情，無法跟孩子專心同在，小孩就容易情緒失調和過度激動，明顯有別於他平日乖巧的樣子。你不妨停下來想一想，忙碌或壓力大的時候，有沒有跟孩子四目相交？你真的有「看見」孩子和孩子的內在狀態嗎？

你的表情傳達什麼給孩子呢？

小孩很會判斷別人的表情是輕蔑有敵意，還是溫暖接納。當你帶著負面的想法或評價看著孩子，或者因為解離或逃避而避免跟孩子眼神接觸，孩子都會感受到壓力。當孩子的神經感覺到你眼中的負面表情，或者你因為厭惡或憤怒而皺起臉部肌肉，就算只有一下子，孩子也會感受到威脅，於是開始自我防衛，把情緒調節攬在自己身上，完全無法敞開心胸或傾聽。這種情況當然有可能迅速消失，但只要孩子跟你相處時老是缺乏安全感，這就會留下傷疤。現在有很多研究證實，負面經驗在關係中留下的影響，比正面經驗更長遠也更有影響力，所以我們要努力跟孩子修復負面的情緒經驗。

如果經常發生這種情況，孩子會產生兩種可能性，一是對威脅的跡象過度敏感（過度激發），總預期別人會有負面反應，二是對威脅的跡象麻木（過低激發／解離），完全封閉自我。反之，如果你跟孩子的關係大致安全，就算偶爾有負面情緒，孩子也不會覺得很危險，因為雙方有穩定的信任和安全基礎，孩子相信很快就會修復關係。

既然四目相交跟同理心有關，當孩子情緒失調的時候，無論你跟孩子互動有多麼痛苦，仍要設法溫柔看著孩子。這有賴自我覺知和自我調節的技巧，首先去覺察你有沒有看著孩子的眼睛，如果你發現自己沒做到，試著做到你能力所及的程度。當父母可以掌握自我覺知能力，跟孩子共同活化社會互動系統（這需要刻意去完成，加上一點點練習），對孩子的情緒調節有莫大好處，因為孩子會感到安全。唯有如此，孩子才可以專注於重要的事情，例如探索、創造、玩樂、連結和快樂。記住了！我說的不是從左腦驅動，裝出你覺得有社會互動的樣子，孩子看了會覺得奇怪，不知所措。當你學會培養放鬆、開放的身體狀態，自然會跟孩子四目相交，露出放鬆表情。

每天都要鍛鍊社會互動系統

接下來幾天，試著觀察你跟孩子的互動品質，尤其是你臉部、心窩和胸口的肌肉是放鬆柔軟，還是緊繃收縮。為了啟動你的平靜連結系統，最好要放慢呼吸，按下暫停鍵，少說話，放鬆軟化你的身體。如果你正在想別的事情，感覺有壓力或心煩，臉部的小肌群可能會皺起來，記得要放鬆這些小肌群，尤其是左側臉。注意你跟孩子說話的語調，有沒有經常緊繃尖銳甚至生氣，任何細微的變化都不放過。注意你感到脆弱或真心感到知足時，有沒有經常保持輕聲細語？如果孩子看到你的表情和聲調，從開放的狀態轉為防衛的狀態，還有可能好好回應你嗎？

你現在知道上迷走神經如何連接耳內的肌肉，一旦孩子缺乏安全感，便無法好好聽你說話。有些孩子對於父母的聲調特別敏感，如果你暫時關閉社會互動系統，孩子一下子就會焦躁、焦慮或羞愧，所以當孩子壓力大焦慮的時候，或者你即將做一些令孩子「羞愧」的事情，例如制止他，最好要放低音量，放柔語氣。

沒錯，這聽起來不太可能，有點違反常理，我們訓話通常會提高音量，但仍要試著反其道而行，否則孩子會感到不安，無法靜下來聽。雖然我們可以隨時在不同狀態切換，可是當你生氣了，完全啟動交感神經，你要花幾分鐘才能夠恢復平靜。如果你會忍不住發火，那就暫時離開孩子吧，但之後要跟他解釋清楚，你離開不是在排擠他，而是為了溫柔對待他，不隨便傷害他的感受。

你跟孩子溝通時，以「否認」還是「確認」的口吻居多呢？

現在想看看你說的話，經常以「否認（No）」還是「確認（Yes）」的口吻居多呢？

「否認」的語調意指你反駁、否認、糾正、評價、誤解，大致上沒有跟孩子說的話共鳴。「確認」的語調會彼此有互動。就算你不同意孩子說的每句話，但你試著承認和理解，在這個過程中，孩子便不會羞愧或恐懼，這裡舉一個例子：

否認的語調

小孩興高采烈的說：「我今天中午休息一直在操場跑來跑去。」

你有點生氣：「那你怎麼吃午餐？」（「否認」的語調：隱含評價的訊息——我對你跑來跑去沒興趣，你大概沒吃午餐）。

確認的語調

小孩興高采烈的說：「我今天中午休息一直在操場跑來跑去。」

你輕鬆的說：「一定很好玩！我希望你跑完有讓自己吃飽飯。」（「確認」的語調：跟孩子喜悅的情緒有共鳴）。

記住了！你不用重複或確認孩子的每一句話，我只是提醒你注意跟孩子溝通的方式，是不是真的有情緒互動，是不是真的進行不評價的心連心對話。

當你慢下來，你和孩子就會產生連結

慢下來的英文字SLOW，可以拆解成幾個元素，幫助大家記憶和練習。

S＝軟化（Soften）

放慢心跳，放鬆臉部肌肉，輕聲細語，你的社會互動系統才會開啟。把呼吸加深，讓心跳跟著放慢。試著在呼吸之間閉氣，盡量體會寧靜的感受。有些人會覺得難，有些人覺得簡單，端視你當時的激動程度、自我覺知和迷走神經而定，但你至少可以先控制呼吸。當你擁抱孩子，或者跟孩子依偎在一起，試著閉氣，放鬆肌肉，讓自己靜止一下子。

L＝專心看和聆聽（Look and Listen）

等到你放慢呼吸和心跳，你會更放鬆，能夠四目相交。現在溫柔看著孩子的臉，你在他眼裡看到什麼？詢問開放的問題，聽孩子怎麼說，別急著動腦袋，或做情緒性的假設，以免對孩子評價和產生負面情緒。少說話，多看著孩子的眼睛，連結孩子的情緒狀態。

O＝開放（Open）

打開你的心，就算關係陷入困境，也要想辦法連結孩子。下次孩子再有心理困擾，試著軟化和放鬆你的表情和語調，輕聲細語溫柔地說，以免親子對話不自覺尖銳起來。抱持好奇心，不評價。

W＝溫暖（Warm）

對孩子有慈悲心和溫暖。你必須保持情緒協調，隨時在身旁支持他，讓他感到安全。千萬不要評價他或羞辱他，因為當你不理解他，就是他最脆弱的時候（除非他已經對你有所防衛，那就另當別論，但如果到這個地步，你可能要慢慢修復和重建連結）。當孩子跟你相處缺乏安全感，便不會聆聽、體會和處理你說的話，你再怎麼糾正他也沒用。

無論孩子年紀多大，每次父母要糾正、分析、評價或引導孩子，都要先運用社會互動系統來連結孩子，讓孩子靜下心來。一切都要等到建立連結後再來做。你要感受到孩子的心理困擾，又不可以受到過度觸發。為了跟孩子共同調節情緒，你不用做到完全感同身受，即使孩子有嚴重的心理困擾，你仍可保持輕鬆、溫暖和正向，專心安撫和安慰孩子，而非急著解決問題。

第十一章

重點整理

遊戲和快樂的社交行為，可以鍛鍊我們的社會互動系統，因為我們會學習容忍激化，保持警覺，並且維持平靜。

小孩子容易從玩耍的狀態，一下子進入戰或逃的狀態，因為社會互動系統還在發育中。

此外，上下迷走神經在沒有威脅的感覺下，可以激發深層的親密感和連結。

注意孩子的眼神接觸。孩子的眼神有沒有傳達內在情緒狀態？表情是緊繃，還是面無表情呢？注意孩子情緒失調時，音調有什麼變化。刻意採取行動來降低刺激來源，比方「增加睡眠」和「無所事事」的時間，或者主動鍛鍊社會互動系統，以改善你的共同調節能力，培養孩子的情緒調節能力。

孩子對眼神變化很敏感，因為從眼神接觸可以看出對方的情緒。當你忙碌、壓力大或吹毛求疵的時候，便無法跟對方四目相交，導致孩子的神經缺乏安全感，便難以調節情緒。

為了讓社會互動系統建立連結，你必須主動覺察自己的表情和身體，確認有沒有緊繃的跡象，然後加深呼氣來放慢心跳。你不妨試著少說話，放鬆地四目相交，輕聲細語。

當我們慢下來的時候，最可能建立連結，不妨多練習 SLOW 心法。

你和孩子能否開啟社會互動系統，對於健康和幸福至關重要。迷走神經是否健全，主要看上迷走神經的功能，這跟心臟健康、減少慢性發炎、正向和幸福都有關係。

慈心靜觀和本書其他呼吸練習，都可以改善迷走神經衝動。

第12章

驅力衝動、威脅防衛和平靜連結——你以哪一個模式為主？

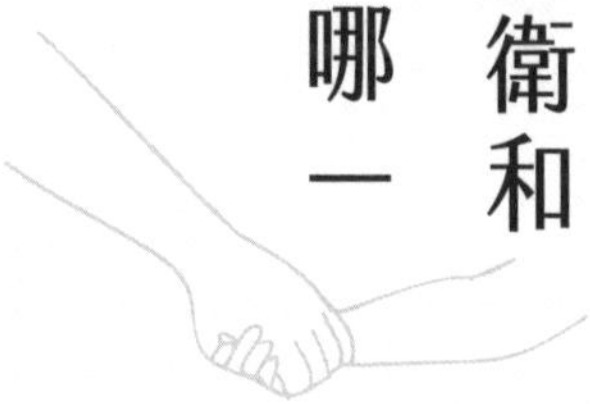

這一章把本書所有內容都串在一起，方便你記憶，落實在日常的親子關係中。這是基於保羅・吉伯特（Paul Gilbert）關於慈悲心的研究，我個人覺得很受用，我進而明白我跟孩子相處時，什麼會妨礙我保持平靜放鬆。這也會幫助你思考很多問題，包括你如何運用時間？你對生活方式有什麼要求？價值觀如何影響你心連心教養的程度？

三大情緒調節系統

我們隨時都在進出三大情緒系統。每一個情緒系統都連結不同的情緒大類，受制於交感神經和副交感神經兩大神經系統。每一個情緒系統也連結不同的動機、反應、感受、想法和化學物質。這三大系統為**驅力衝動**（Driveand Strive）、**威脅防衛**（Threatand Defence）**和平靜連結**（Calmand Connect），分別以各自的方式幫助我們生存。

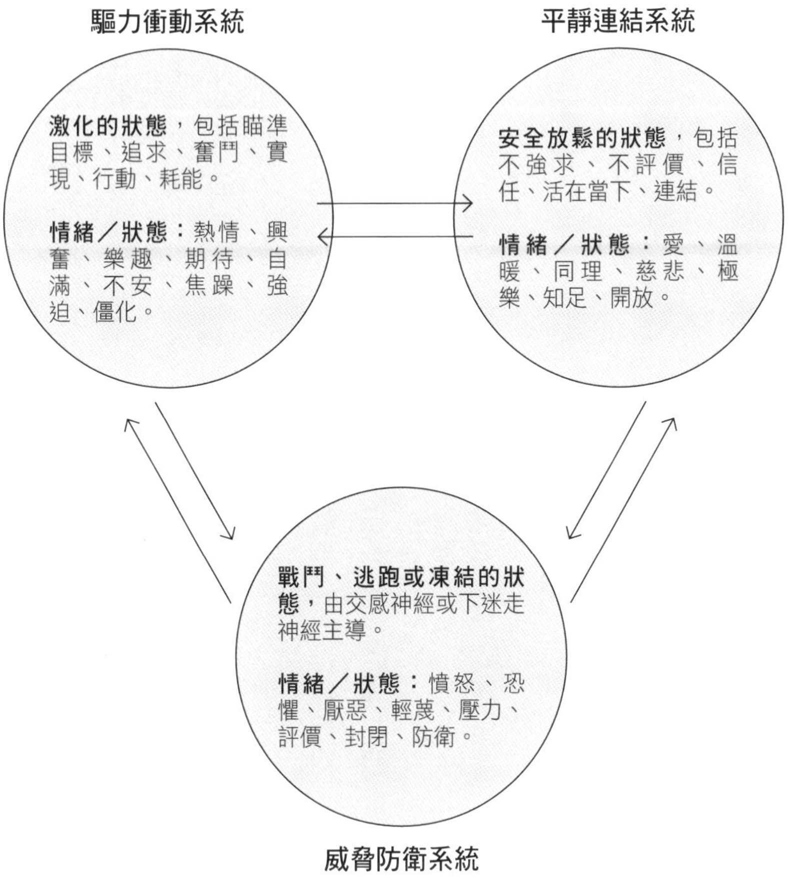
驅力衝動系統
平靜連結系統
激化的狀態，包括瞄準目標、追求、奮鬥、實現、行動、耗能。
情緒／狀態：熱情、興奮、樂趣、期待、自滿、不安、焦躁、強迫、僵化。
安全放鬆的狀態，包括不強求、不評價、信任、活在當下、連結。
情緒／狀態：愛、溫暖、同理、慈悲、極樂、知足、開放。
戰鬥、逃跑或凍結的狀態，由交感神經或下迷走神經主導。
情緒／狀態：憤怒、恐懼、厭惡、輕蔑、壓力、評價、封閉、防衛。
威脅防衛系統

認識三大情緒系統

你還記得第一章說到特質（trait）和狀態（state）的差別嗎？特質是永久穩定的特點，狀態是暫時的生理和心理變化。這也可以套用到三大情緒系統。我們會持續進出這三個圓圈，端視遺傳傾向、依附類型、個性特質和情緒調節方式（特質）而定，也會受制於心情和生理狀態，例如飢餓和疲憊（狀態）。我們當下的狀態會影響我們進出哪一個圓圈，以及我們能否好好調節情緒。當我們的情緒調節迴路發育良好，便能夠在這些狀態自由切換，做一些建設性的自我調適。然而，我們也可能卡住或被動反應，尤其是驅力衝動和威脅防衛模式，這對於親子教養不太好。上迷走神經迴路讓我們進出情緒系統，以免情緒失調惡化，或者陷在某一種情緒模式。

驅力衝動系統

這基本上是人類的驅動或取向系統，確保我們有覓食、尋求庇護及傳宗接代的動力，這些都**攸關人類的生存**。驅力衝動系統屬於目標導向，跟追求、奮鬥、活動和實現有關。這套系統讓我們有動力起床、換衣服、去上班、照顧孩子的需求，追求社會互動、自尊、認可、地位等生理和心理的人生目標。每個人追求的東西不一樣，端視價值觀、個性和依附類型而定。

驅力衝動系統屬於行動導向，要不是依賴上迷走神經的迷走神經煞車，就是要活化交感神經來刺激行動、動作和貪念。這個狀態大致跟正向和犒賞的情緒有關，例如期待、興奮、自滿、自信、樂觀、自主、愉快，以及獲得物質、認可或地位的快樂感受。當我們處於這個模式，便覺得有目標、有力量、有精神。這套系統仰賴神經傳導物質多巴胺，這是我們有所期待或酬賞時，可能會分泌的化學物質。追尋和奮鬥對生存不可或缺，尤其是覓食，多巴胺則有正向增強效果，會讓人上癮。

驅力衝動模式會導致自我本位和沒耐性

驅力衝動模式以左腦為主，並不令人意外，畢竟左腦經過演化，讓我們集中注意力，去抓取、獲取（例如覓食）、掌握和控制事物。一個有動力做事情的人，可能是個性使然，也可能是情勢所逼，都會開始以左腦跟別人互動。當我們設定好目標，開始專心實現，哪怕是整理東西這種小目標，或者是工作升遷這種大目標，一旦遇到阻礙或挑戰，都可能從驅力衝動模式轉為威脅防衛模式。

如果執意做某件事，或者執意照著自己的方法做，恐怕會陷於自己的想法和需求，導致驅力衝動模式開始失調，只覺得身邊的人都在妨礙你，你會心灰意冷，同理心低落。一旦處於這個模式，你會把別人當成該處理、該說服、該移除或者該「管控」的對象，以達成我們當下想要的目標。我們會開始不滿煩躁，甚至生氣。眼前每個人事物似乎都在妨礙我們達成目標，就連別人表達不同意見，或者懷抱不同目標也不行。這時候我們的情緒調節能力，取決於我們對高度激化狀態和內在衝動的包容力。每個人的立足點不一樣，有些人喜歡忙碌、積極和目標取向，但有些人喜歡讓生理保持平靜緩慢，以便感到平衡。

當我們有太多事情要做，導致情緒失調壓力大，社會互動系統受損，便無法接納當下發生的任何事，也不太會專心聆聽。反之，我們只聽見自己想聽的，或者急著叫別人閉嘴，卻難以真正的同理、敞開心胸和接納。這種模式至少會在心裡，產生控制欲、不耐煩和不安，甚至會冥頑不靈和攻擊別人。我遇過很多極為成功的企業高層，無法在驅力衝動模式保持情緒調節，雖然事情做得很完美，過程中卻會得罪人或傷害人。

說到教養，我們在驅力衝動模式之下，想必很容易情緒失調，比方每天早晨要讓孩子準時到校。當我們的時間有限，有很多事情要做，便會開始不留神，一下子就不耐煩，可能對小孩大吼大叫，叫他們快一點，或者一直催他們，叫他們做當下不急的事情。有些人長期忙碌，總是處於驅力衝動模式的情緒失調狀態，不一會兒就落入威脅防衛模式，就連小孩打斷你想事情也不行。

我們建立的規矩會導致親子情緒失調

我們為自己和孩子設定越多規則，例如需要做什麼、必須做什麼、應該做什麼、不能做什麼，越容易在驅力衝動模式情緒失調。小孩子還小的時候，天生沒什麼動力去做父母規定的事情。有些國家在孩子年紀很小時，就開始強迫孩子進入「活動」和「奮鬥」的模式，但孩子在那個年齡明明最需要順其自然，透過五感來吸收資訊，跟別人連結，以及對周圍世界懷抱好奇心。

唯有讓孩子充分參與世界，腦部才會發育情緒調節迴路，以平衡整合的方式追求幸福。當我們養育孩子時在乎驅力衝動，不僅會迫害孩子未來的人生，也會改變全人類和社會的互動方式，因為人與人在這個模式難以建立真正的連結，尤其是情緒失調的時候。

當我們太在乎快樂和便利，反而會妨礙幸福和連結

驅力衝動系統促使我們去追求生存所需，一旦達成目標，便感到快樂，於是一直在尋樂。當快樂成了目標，便不是求生或求進步的副產物了。人老是在忙碌、活動、實現、擁有和控制，反而是有害的，因為會變成自我本位，不願包容任何不便，導致我們跟別人的親密關係變質。如果老是處於這種模式，彼此會難以建立慈悲有意義的連結，因為衝動會

刺激多巴胺分泌，並且活化交感神經系統，讓整個人激動起來，只想要快一點、做多一點、快樂一點、多獲得一點，進而影響壓力程度和心臟健康。有時候擁有越多，反而渴望越多，因為邊際效應遞減法則；當人類習慣了某種快樂程度，便需要更多快樂，否則就不會再飆升正向情緒。

太忙碌會犧牲健康、關係和幸福

現在忙碌似乎是一種潮流：旅行、帶孩子出門、跟小孩玩、讀書給孩子聽、帶孩子去上課，諸如此類。如果有健全的上迷走神經，我們還能夠保持協調和連結，但大多數人並非如此，否則就不會有一堆精疲力竭、疲憊、壓力大的父母，不僅要這樣拚命育兒，還要兼顧工作、運動和社交等需求。如果我們做得太多，導致壓力爆表，就算自以為對孩子好，這樣過生活仍是有害，其中一個害處是破壞親子連結。

人要做的事情太多了，還要做得快，這種壓力會導致社會互動系統關閉，而腦部和神經系統功能會徹底失衡，不只會傷害心智健康，也會破壞身體健康。我遇過很多工作壓力大的人，開始有憂鬱和焦慮的問題，無法停下來自我反思，無法放鬆做自己，一直要逼自己去競爭、去創新、去自我提升、去證明自己，根本沒機會放慢腳步。這樣並沒有善待自己，也不是明智的行為，因為工作和休息分不開，工作的情緒難免會影響你在家的情緒。

當孩子習慣高度的驅力衝動模式，永遠忙不停，老是有事情要做，孩子會難以放鬆和連結，包括連結自我。這就是為什麼孩子在家會「搗亂」，或者放不下手機或電玩，因為孩子還找不到自己的平靜連結系統，無法好好活在當下。孩子受不了無聊，要是沒有安排歡樂的活動，便無法由衷產生正向情緒。值得擔心的是，孩子不懂得延遲滿足，他們的經驗主要是立即滿足，所以沒這個習慣。孩子在日常生活當然不習慣等待。我每天陪孩子走路上學，偶爾要搭公車，我的孩子堅持要確認公車動態 App，確認我們還要等多久，雖然我和孩子經常談到忍受不便和不確定性，但是對他而言，這個觀念似乎有點過時，而且滿奇怪的！

孩子需要「停機時間」，平衡和重啟神經系統

我認為孩子要多花時間在家放鬆和休息。如果孩子不習慣停機，受不了無聊，父母會吃不消，因為老是要帶孩子出門，或者為孩子安排活動，如果這樣下去，孩子永遠學不會靜心、運用右腦、啟動社會互動系統、活在當下，但這些明明是人天生該做的事情，攸關我們的幸福。有些孩子確實做得比較好，但父母可以鼓勵孩子做得更好，雖然有一點困難，畢竟孩子待在家裡會焦躁，這是因為父母也會焦躁，父母預期小孩會待不住，會打架，會惹父母生氣，反而讓情況更糟。父母討厭失控的感覺，於是按表操課，把日程表和

體內荷爾蒙變化，例如皮質醇升高，長期下來對健康和幸福影響很大。皮質醇會壓制免疫力，傷害消化和生殖能力；皮質醇也會釋放訊息，催促頭腦加強杏仁核，讓我們對潛在威脅更有警覺性。壓力會損害上下迷走神經，干擾睡眠，進而對心情、食慾、消化和發炎造成級聯反應。既然壓力會提高杏仁核的敏感度，怪不得人會陷在壞心情、負面思考、自我批評和連結障礙。

壓力源可能是自找的

人類演化初期所面對的危險，大多會危及生命，但現代人的威脅和壓力源主要是社會心理層面，至少在西方是如此。最近的觸發點都是在威脅自尊／自我、控制欲、確定感和地位（房子、成績、工作、升遷）。人腦自古以來面對嚴重的資源缺乏，一直很清楚自己的所在狀態，自己有沒有受到公平對待，有沒有被社會群體接納，這些都讓我們更有機會佔據有限的救命資源。大家也知道，人類早期遭受很多攻擊，戰鬥的本能跟自保的本能有關，但是現在物產豐饒，生活穩定舒適，很多壓力源都是自己想出來的。

當杏仁核發出不安全的訊號，我們很容易遁入威脅模式。跟孩子相處有安全感，對教養很重要，孩子會感覺到你處於威脅模式，並且用同樣的模式回應你。我們何必用威脅防衛的方式回應孩子呢？綜觀人類自古以來的壓力源，現在接孩子放學、煮飯給孩子吃、哄孩子睡覺，根本稱不上壓力源，所以是我們自己內在的需求和反應，導致我們覺得那些是威脅。這是因為我們對未來有所期待和評價，覺得該發生什麼事，不該發生什麼事，壓力就來了。當我們內心要求事事順心，萬事如意，帶小孩就變成一種壓力。有時候我們有更重要的事情要忙，便覺得帶小孩很難。孩子的情緒狀態當然會造成我們的情緒失調，現在大家也知道了，這跟依附模式以及情緒調節習慣有關。

教養會很難，通常是因為對孩子有期待，一旦期待落空，便會落入威脅模式。大家經常期待孩子完美守規矩：親切好相處、有自信、長得人模人樣（現代人用左腦看身體，小孩子也開始承擔這種心理壓力）、實現目標和挑戰自我、不可以打架鬥嘴、聽話學習、均衡飲食、做運動和多參加活動、為自己規劃穩定的未來（期待孩子一路順風，反而給孩子很多壓力）、有良好的社交圈等。父母對孩子期待越高，孩子對自己也期待越高，一旦事情沒照著計畫走，父母和孩子都容易落入威脅模式，進而產生焦慮、憂慮、負面情緒和壓力，更何況父母都落入威脅模式了，當然不可能跟孩子保持平靜、開放、充滿愛的關係。大家想必都明白威脅模式的意涵和意義了吧。

造成壓力的錯誤思考習慣

現在大家都知道了，情緒管理必須由下而上，從身體層次開始安撫。一旦你做到了，便懂得磨練前額葉皮質的下行情緒管理。前額葉皮質主掌理性思考、平衡思考、自我控制和思考模式調整。這裡介紹一些**錯誤思考習慣**❹，說明它會如何改變感知，把我們逼到威脅防衛模式，而且通常不理性，毫無理據或邏輯可言。

這些錯誤思考習慣會走**心理捷徑**（mental shortcut），有時候會輔助資訊處理，導致無謂的焦慮、壓力、憤怒和情緒失調，但我們就是不自覺會這樣，這時候只要多練習就覺察這些思考習慣如何改變感知。小孩子特別容易有錯誤思考，因為心智不知變通，發育不夠健全，還不會挑戰初步的評估。大家記住了，**確認偏誤**（confirmation bias）會造成和強化下列的錯誤思考習慣。確認偏誤是人類推論常犯的根本錯誤，不自覺用自己已知、期待和想要的方式來選擇、追尋、解釋、回想和記憶資訊。

極端化思考：

又稱「非黑即白思考模式」，這種認知扭曲會強調「非此即彼」，例如寧為玉碎，不為瓦全。事情只有黑白之分，好壞之別，看事情通常很極端，沒有灰色地帶。極端化思考最大的危險，便是影響我們對自己和周圍的人的評價，比方：「我沒有成功就是失敗」，

「不這樣做就沒意義了」。這套用到教養上，有很多焦慮都是源自二元思考。如果我們把孩子看成多層次的個體，會犯錯的凡人，天生本來就有正反兩面，自然就不想養育完美的孩子，也不會要求孩子永遠都很優秀。

過度歸納：

只看到單一事件，就隨便下結論。每次發生壞事，就開始緊張兮兮，以為那就是常態，擔心同樣的事情會重演。比方，大家總會隨口說自己「這陣子不太順」，這其實就是在過度歸納，經常冒出「老是」和「從未」等詞語。這套用到教養上，如果覺得孩子老是不守規矩或表現不佳，你也是在過度歸納。大家都要試著體會，事情有灰色地帶，不是非此即彼，讓孩子有機會犯錯，當一個難免有錯的凡人，就算犯了錯，也不要無限上綱到孩子的個性或人生機會。

讀心：

我們自以為懂別人的感受，懂別人行為背後的原因，即便沒聽過他們親口證實，也沒有任何具體證據支持。這通常是內在不安全感和心智模型在作祟，導致我們有所期待，依照自己的解釋來看事情。讀心是把自己的想法投射在別人身上，想像別人的感受和反應跟

---

❹ 改編自 McKay、Davis & Fanning 2007 and David Burns 1999

自己一樣。讀心者自己怎麼想，就覺得別人也這麼想，不管別人是不是這樣，比方會說出：「他們就是沒有心啦」，而非「他們大概不想做吧，我再問一問原因」。

不容許犯錯：

當我們非要證明自己的意見和行為是對的，就會出現這種錯誤思考，無法好好聽別人說話。當我們想證明自己是對，只會急著捍衛自己的觀點，完全不想知道其他意見對在哪裡，把爭是非對錯看得比維持關係更重要！小孩不太能接受自己錯了，一旦遭到父母駁斥，經常會開始頂嘴。這就是腦部發育不全，我們與其跟小孩爭是非對錯，還不如透過提問來挑戰他們的思考，而非直接反駁。

苛求：

當我們內心有很多潛規則，覺得自己和別人「應該」怎麼做，如果有人破壞規則，我們便會生氣；如果是自己違反規則，可能會有罪惡感，言談之間經常出現「應該、理應、必須」等詞語。為了制衡這種執著，我們要記住並沒有什麼宇宙法則，規定事物要依照我們的期待運轉。這種思考錯誤會造成很多憤怒的情緒，包括不悅、急躁、灰心和暴怒。

「大家就是要把事情做對啊」這句話，便是源自苛求的思考錯誤。大家不妨想一想，以前人類經常為了一塊肉擠破頭，現在換成在人際關係爭公平，但有時候只是小小的踰矩，除了有一點不便，倒也沒什麼大問題。當這些規則演變成維護人與人之間的公平，不知變通的執行，毫無惻隱之心，只會造成更多憤怒。

災難性思考：

總以為會發生壞事。事情稍微出差錯，便開始不知所措，小題大作。人之所以會焦慮，是因為沒來由的預測結果是壞的。這種思考模式的癥結點，在於不相信自己有能力度過難關和負面情緒，不相信自己有能力適應改變，比方我們無法忍受不便，於是就開始過度擔憂，預想事情可能會出錯。「這會是一場災難，如果孩子失敗了該怎麼辦？」這句話，就是很典型的災難性思考。

怪罪：

每次遇到困難，就開始把責任歸咎到別人身上，或者每次發生問題便開始自責。有些抉擇和決策明明是自己要負責，但如果不小心陷入怪罪的思考錯誤習慣，便會找別人負責。怪罪可能是在自保，比方：「如果他照我說的去做，就不會發生這種事」。我遇過很多父母不斷為孩子的錯誤和失敗找代罪羔羊，只因為無法忍受孩子是會犯錯的凡人，他們期待孩子身旁的人和組織把每件事做到完美，以免他們孩子的情緒和身體不適。這是可以理解的，但無助於孩子培養韌性。

選擇性解釋：

瞄準並放大負面的細節，無法正面看事情。刻意挑出某個細節，便開始擴大解釋整件

‧我的預測發生機率有多高呢？這背後有證據支持嗎？
‧如果我的預測應驗了，最糟的情況是怎樣？
‧什麼是最可能發生的事情？
‧我有平衡正面和負面思考嗎？還是我太經常負面思考了呢？
‧我控制得了擔心的事情嗎？
‧這個想法會幫助還是妨礙我和孩子達成目標呢？
‧如果換成別人遇到相同的處境，我會給他什麼建議？
‧我經常用期待來徒增煩惱，還是都單純接受和面對？
‧我會因為發生一件事，就貿然對我自己、小孩和整個情況下結論嗎？
‧我有沒有開放的心胸，願意去思考其他觀點和可能性呢？如果我沒有，什麼是我堅持的觀點呢？

平靜連結系統

我們已經介紹過驅力衝動系統，以及這如何激勵我們去實現、掌握和奮鬥。我們也談過威脅防衛系統，以及這經過演化的考驗，為我們阻擋生命中的威脅。兩者都屬於刺激系統，相當於踩油門催促我們行動。至於煞車呢？我們何時會允許自己平靜、休息、放鬆和連結呢？我們的平靜連結系統有沒有跟其他兩個系統平衡呢？

有些人聽到平靜連結系統可能很驚訝，因為花太多時間在前兩個模式，導致沒什麼時間可以留給平靜連結模式。不過，人不應該這樣，人應該花時間思考如何回歸生命平衡，因為平靜連結系統攸關我們的幸福、韌性和關係。當我們陷入驅力衝動模式，或者從威脅防衛模式來回應，以右腦為主的平靜連結系統會受到壓制，這時候大人會覺得孩子很難教，孩子也會開始情緒失控和反抗。

平靜連結系統會帶來知足、寧靜和開放的感受，不評價，不施加壓力，不強求。這是右腦的開放覺知，接納事物原本的樣子。這是「同在」，而非「活動」，上迷走神經佔上風。誠如保羅・吉伯特所言，這種舒緩和親近系統憑藉自己或別人充滿愛的共同調節和關愛。正因為感受到慈心，所以對情緒調節至關重要；除非身體懂得平靜下來，自然回歸平衡狀態，否則別想回到身心容納之窗。

教養少不了平靜連結系統，唯有在父母保持寧靜的時候，才能夠覺知並連結孩子的需求和感受。更重要的是，在這個狀態下，我們才會對別人的經驗感同身受，想要緩解別人的痛苦，這便是慈悲心的基礎。慈悲心其實是一種整合的狀態，有賴社會互動系統來平衡啟動左右腦。

驅力衝動模式和威脅防衛模式主要是自我本位，雖然驅力衝動模式也包含遊戲或社交，你會從這樣的活動獲得意義，但頂多只是享樂而已。雖然從社交找到意義和樂趣很重要，尤其是在教養的時候，小孩子必須感覺父母樂在其中，喜歡跟孩子相處，可是在我看來，平靜連結系統更重要，這是在修復孩子的身體、頭腦和心智。

平靜連結系統會促進情緒同步

無論是以享樂為主的驅力衝動模式，或是以慈悲心為主的平靜連結模式，都跟社交有關聯，但差別在於平靜連結模式不只感到快樂，還會感同身受。當你有所感動，你跟對方便能夠同步，進而從自我意識轉變成**共同體意識**，就在這個時刻，你和對方會融合為一，注意力和內在生理反應都同調了。弔詭的是，共同體的感受反而會加強孩子的自我意識。當你處於這個模式，說話的慾望會降低，但是會透過眼神接觸，讓彼此的右腦展開非言語連結。有幾種化學物質和荷爾蒙可以刺激平靜連結模式，比方乙醯膽鹼和 GABA（γ-氨基丁酸），有助於抗興奮，對腦部有安定效果，此外還有催產素和抗利尿激素。

如何自由轉換這三種模式？

我們不可能一直處於平靜連結模式，我們自己也不想這樣，畢竟這三種模式都可以保障生存。只不過現代生活充滿各種刺激，每個人內心的期待越來越高，不管是個人或社會都在遠離連結和關懷，邁向自私和失連，於是杏仁核激化持續升高，不知慈心和慈悲為何物，也不懂得對自己慈心和慈悲。當我們無法對自己慈心和慈悲，怎麼對孩子慈心和慈悲呢？尤其是要持續定期做就更難了！

教養要做得好，跟孩子相處的大多數時間，都要試著整合驅力衝動模式和平靜連結模式，有賴社會互動系統隨時進出這兩種情緒模式。至於威脅防衛模式就要看情況了，除非有生氣、焦慮或厭惡的好理由，但即便如此仍要保持情緒調節，因為孩子很容易焦慮，父母的工作是協助安撫，而非加深焦慮。

當我們自由進出這三種模式，孩子會有什麼感受呢？

今天有太多事情要忙了，我親眼見證忙碌的生活如何破壞我跟孩子的連結。我寫倒數第二章的時候，一直在跟時間賽跑，我希望在今天傍晚寫完，於是我跟孩子相處的時候，不小心就從驅力衝動模式落入威脅防衛模式。孩子跟我吵一件明明不要緊的小事，他不願意正面看事情，也不願意放下，於是我就反應過度了，大腦受到杏仁核劫持，馬上叫他閉嘴。我發現他有點難過，甚至從他的語氣聽得出威脅，因為他提高了語調，而我沒有立刻踩煞車，所以他就過度激發了。

我事後回想，我當時想著其他事，希望他不要再說了，於是催他趕快去睡覺，好讓我繼續寫作，他就在這一刻感到威脅。我努力調節情緒，但我要忙的事情太多，加上驅力衝動模式會刺激交感神經（激烈運動也會），這時候要跟孩子建立關係和保持平靜就更難了。現代人幾乎是不斷刺激交感神經，怪不得難以回歸內在平衡。

別忘了！人際關係難免會有斷裂，所以需要修復。我對孩子大吼大叫，破壞我和孩子的平靜連結系統，我知道我必須修復。等到我平靜下來（我必須做幾分鐘呼吸練習，確保我完全緩和放鬆），我去他的臥房。我調節好自己的情緒，把**焦點放在他的感受**上，而非我自己的感受上，我向他道歉，我明明應該給他安全感，卻對他大吼大叫，我很同情他受傷的心情。我的語氣必須和緩溫柔，我也會注意看他的表情，隨時**核對他的情緒**。

我問他有什麼感受，他說我喊破他的耳朵了，他說的也沒錯，社會互動系統確實跟中耳肌肉有關。我靜靜聽他說，輕柔劃過他的耳朵，跟他說，這不是他的錯，他不應該被這樣對待，是我壓力太大了。等他心情平靜下來，我順便跟他提及，他不了解所有情況，就一直跟大人盧，根本不是聰明的作法。我們聊了一兩分鐘，後來他轉移話題，我就知道他好了，再來就讓時間撫平一切（我本來希望聊久一點，但這要看他的意思）。當我離開他的房間，我知道他平靜下來了，那件事帶給他的怒氣和羞愧都消失了，我終於放下心中的大石頭。我和孩子再度回歸平靜連結模式。

你知道你跟孩子處於哪一個模式嗎？

想一想你跟孩子相處時，經常處於哪一種模式？

- 你和孩子經常有機會「同在」，不做事、不思考、不趕時間、不規劃、不憂慮嗎？
- 你跟孩子相處時，經常感覺自己很忙碌，正在想別的事情，或者正在處理事情嗎？
- 你經常指使、催促或吩咐孩子嗎？
- 當你處於驅力衝動模式，你的行為和肢體語言有什麼變化呢？你的身體會緊繃或僵硬嗎？你的音調會改變嗎？
- 當你敞開心胸，你聆聽的能力有什麼改變呢？
- 你跟孩子相處時，何時最容易感到灰心緊張呢？
- 你何時會因為孩子而生氣、焦慮或壓力大呢？
- 你跟孩子相處的時候，能不能經常充分放鬆，不想任何事情，只是單純跟孩子建立連結呢？

・你跟孩子相處時，何時最能夠感到連結和平靜？

・什麼會妨礙你跟孩子保持平靜連結模式呢？

・何時孩子最容易進入平靜連結模式呢？

・你該如何平衡這三種模式呢？

第十二章

重點整理

我們會進出三大情緒系統，每一個系統都有不同的情緒模式，基於不同的神經系統激化模式，分別是驅力衝動模式、威脅防衛模式和平靜連結模式。我們能否自由進出這三種狀態下，端視我們的個性特質和當下狀態而定。

驅力衝動系統是人類的驅動系統，跟追尋、奮鬥、實現、享樂和控制有關，就是目標導向。當你想到需要、想做、該做或該有，都會啟動驅力衝動系統。小孩很容易陷入這種模式，一心想著實現、獲取、活動、競爭、忙碌，於是沒時間發展平衡整合的頭腦，當右腦無法佔上風，人便無法開放覺察和「活在當下」。你不妨試著減少你和小孩的規劃行程，給孩子更多在家放鬆的時間。

威脅防衛模式會啟動戰鬥、逃跑或凍結的機制，主要是因為我們對於自我、孩子和世界有所期待，於是帶給孩子不少壓力。

我們的思考模式可能造成、維持或強化恐懼和壓力。我們要瞭解自己的思考錯誤習慣，並且善用反省和理性來自我質疑，才能夠把情緒調節得更好。

平靜連結模式跟「同在」有關，而非跟「活動」有關，主要依賴社會互動系統，唯有在這種狀態下，我們才能夠同理、同情、安撫和連結。

教養要做得好，必須平衡這三個模式，但仍以平靜連結模式為主，輔以合理的驅力衝動模式。如果你希望親子關係處於平靜連結狀態，你必須先發自內心對自己感到平靜連結。

第13章

營造對心連心教養有利的環境

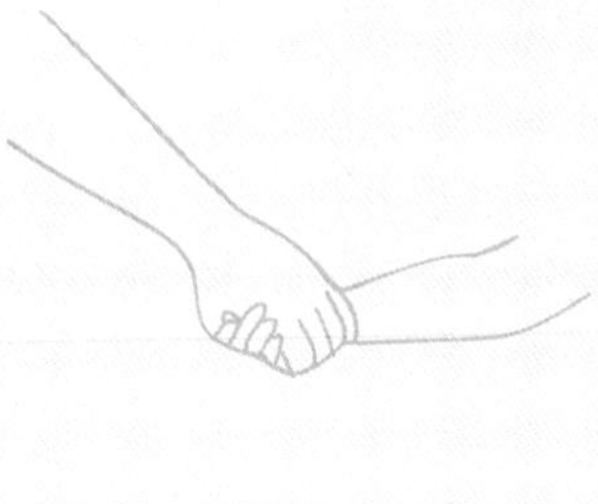

終於到了最後一章！我們彷彿走完一趟旅程。雖然我不認識大家，但寫這本書的過程，促使我去反思自己的教養模式，有些甚至是我不願意承認的部分。這本書不是要評價任何人，包括我自己。當我開始探索自己的教養模式，我就有機會學習和改變，帶給孩子應得的安全感和連結。我之所以有動力堅持下去，是因為我相信我做得到，而且這本書的方法確實管用。大家都在想辦法愛孩子和教養孩子，但頭腦、身體和心智會把我們往反方向推拉，所以在需要設定界線時，我們要堅定；在孩子需要鞭策的時候，我們要嚴厲；在孩子脆弱的時候，我們要溫柔。不過，唯有跟孩子連結，才知道何時孩子需要安全感和愛，然後讓他們感到安全和被愛。

如果我們不主動培養平靜連結的狀態，人生很容易把我們拉回失調的狀態。現在家庭生活越來越困難、疲憊和沮喪了，因為大家以衝動驅力模式為主，全世界都鼓勵大家這麼過生活，因此要特地花時間學習放鬆和安撫自己，幫我們的情緒腦補充營養，就好像固定花時間運動或打掃。如果你鍛鍊自己的情緒調節力、慈悲心和開放性，就會更能夠察覺情緒失調、壓力或失連的初期徵兆，透過情緒管理來進行修復。我想說的是，心連心教養的三個條件，開放覺察、情緒調節和情緒安全，需要我們付出心力和承諾去維持。神經有可塑性，固定練習就會建立新的神經迴路，但只要不使用就會失去，再度回到原點。

我寫這本書是要讓大家明白，連結對我們有多麼重要，以及連結攸關我們的健康和幸福。無論你能否透過連結來影響孩子的頭腦，我都希望你從現在開始相信，連結本身就是你值得努力的目標，因為連結是情緒心理安全的基礎。我希望你在生活中做一些小改變，照著神經科學的指示，為自己和孩子的美好生活奠定基礎。我深信左腦所在乎的目標和世界觀，正在破壞我們「有人情味」的連結。現在如此講究速度，我們又那麼在乎便利、控制、快樂和確定性，所以更要重視連結，培養孩子的韌性和健康。

大家別忘了初衷，我們不就是想跟孩子連結，從中培養他們的韌性，讓他們能夠面對人生的壓力和逆境嗎？現在我們知道了，心與心連結不僅會培養頭腦的情緒韌性，也會讓父母和孩子更開心、更健康、更平靜，並且更接納自己。該如何確保我們不會退步呢？如果有壓力和令人分心的事情，如果你有自己的不安和童年記憶，如果你跟孩子的個性和特質不同，該如何跟孩子維持充滿愛的連結呢？

最後一章偏向開藥單，列出生活中可行的調適方法，讓心連心教養自然發生，其中一些方法比較費心，但每一種方法都要付出心力，可是最先受惠的人都是你自己。唯有你把自己活得精彩美好，才可能在情緒調節的狀態下，帶給孩子心連心的溫暖、愛和慈愛。這些條件會影響你的頭腦、心智和身體，因為都有互相關聯，一旦失衡就會互相影響。我相信你已經明白，你的幸福，尤其是壓力程度，對於你調節情緒的能力大有影響。

為了心連心教養，先滋養你自己吧！

主動定期練習情緒調節，安撫你的神經系統

除非你先從生理層次下手，否則你讀了這些，思考了這些，也不會對你和孩子造成深遠的影響。連結跟身體有關，為了建立連結，你必須學習調節情緒、安撫神經系統、自然發揮人類的本能，這些都不是有知識就做得到，反之還要有身體覺知。你必須受到右腦而非左腦引導，所以這是假不了，強求不了，也讀不來的。相信我，我曾經偽裝得很好，甚至騙過我自己，但騙不了小孩，小孩總會看穿我的心來回應。

如果想要瘦身，不可能只讀書吧？你還要起來活動筋骨，反覆健身。鍛鍊情緒健康也是如此，所以每天盡量花幾分鐘，學習和練習情緒調節能力。我已經教大家如何透過呼吸來重開機，並且加強有關連結的腦部迴路。如果你開始急躁，覺得自己非做什麼事不可，我完全可以理解。你有很多事情要忙，還要花時間做呼吸練習，恐怕會感到不耐煩或著急，尤其是那種習慣做些什麼，把行程塞得滿滿滿的人！這裡的練習確實有效，這個方法有扎實的科學證據支持。

盡量練習正念，開放覺察，就能夠每天連結自己的情緒。這不是馬上就做得到的事，

畢竟現代世界的步調太快，要求太高，你做的幾乎每件事都是在激化交感神經，一下子壓力就爆表了，陷入戰或逃的反應。這本書建議的呼吸練習，都有在 Soundcloud 網站❻放上聲音引導檔，我建議你反覆聆聽，直到你習慣自我調節為止。

當你做正念或情緒調節練習時，並不需要另外騰出時間，只要試著融入日常生活，把呼吸放柔放慢，隨時跟自己核對，然後活在當下。我個人發現，每次我忘了做冥想或腦部平衡練習，無論我當初的狀態有多好，只要過了幾個禮拜，我的關係和內在健康狀態就會受影響。我猜是現代生活不再有空檔，即便身體不做事情，腦袋還是在喋喋不休。人類演化到這個階段，竟然還要靠自己創造時間，讓自己的心恢復寧靜和平靜，真是悲哀啊。

當下的情緒調節

當你正感受強烈的情緒，或者處於壓力狀態，快要超出身心容納之窗，你必須主動調節情緒狀態，把自己帶回身心平衡。這至少要經歷三個階段：首先，你要覺察並接納身體

---

❻ 英文版：https://soundcloud.com/user-750444727
中文版請填寫第三二〇頁線上回函索取中文引導檔。

的感受，注意你的心跳、呼吸、肌肉緊繃程度和化學感知。第二，你要善用呼吸來安撫身體的生理反應，包括舒緩肌肉緊繃和放慢心跳。你越是定期注意自己的內在狀態，越不可能對孩子過度反應。千萬不要逃避，因為孩子會感受到你的內在狀態，就算你忽視情緒，情緒也不會消失，無論你喜不喜歡，情緒都會持續升高。

記住了，情緒就像潮起潮落，你只要懂得調節，就不用害怕或逃避。第三個步驟最好在你處於身心容納之窗，已經從身體層次安撫情緒的時候做。第三，啟動你更高層次的理性腦，辨識並標示你的情緒，挑戰這背後的負向或非理性思考，並且重新理解情況，讓你接受更明智而平衡的觀點。你永遠要記住，如果你超出身心容納之窗，孩子也會受到影響。等到你更平靜了，才可以決定該怎麼做，例如找人聊一聊，調整觸發情緒的情境。現代人都太急著做些什麼了，但我個人認為，最好先安撫情緒，等到可以平靜思考了，再來決定有什麼事非做不可。

練習社會互動系統，建立跟孩子之間的深度連結

這需要定期活化上迷走神經系統。該怎麼做呢？刻意放鬆臉部和其他部位的肌肉，便可以把吐氣加深、放慢，進而抑制交感神經反應。當你跟孩子相處，盡量溫柔看著孩子的眼睛，把音調放柔，降低音量，語氣舒緩而輕鬆。你早就知道社會互動系統的厲害，以及

人對於心理安全多麼有覺察力和反應。每次跟小孩在一起，都要把這個擺在第一位，試試看有什麼差別。

每當孩子情緒失調，父母別急著說話，大家一起享受溫暖的沈默，父母要讓孩子感受到溫暖的支持，有時候勝過千言萬語。別因為害怕情緒失控，就急著抹去孩子的情緒。如果孩子願意的話，不妨帶著愛溫柔拍拍他，彷彿他是珍貴精緻的藝術品，讓孩子感到自己被珍惜。這種「同在」的感受，可以滋養孩子和孩子的自我意識，讓孩子有能力建立親密而有意義的關係，這產生的情緒安全感可以真正轉化孩子。

當父母壓力大，感到焦慮、忙碌和憂鬱，或者連自己的情緒都沒有調節好，便會關閉社會互動系統，也會影響情緒互動的能力。我們無須評價，只要帶著慈悲心就好。每一個父母面對難關都可能這樣，但重點是我們該如何支持和協助這些父母和孩子。現在該好好反思一下，在驅力衝動模式推波助瀾之下，父母難以控制情緒，缺乏情緒支持，還要獨立養育孩子，對孩子會有多麼可怕的影響呢？未來應該要減少孩子被科技荼毒的時間，否則大家面對面的互動會更少。既然大家都知道社會互動系統、情緒安全和人類幸福很重要，在這個左腦為主的世界，更要妥善保護這些右腦思考。

多對自己和孩子表達慈悲心

如果你要改變你跟自己和孩子的關係，這絕對是最有用的方法之一，更何況對健康好處多多，快花時間練習慈心靜觀，向自己、孩子和身邊其他人傳遞溫暖祝福。就算沒時間做完整個練習，只要觀想這些人的笑顏，然後讓自己放緩放鬆，祝福他們幸福快樂就夠了。這會促使你的身體分泌催產素，極有安撫和滋養效果，有助於你跟孩子保持連結和同理。

如果你做起來有一點困難也沒關係，有些人就是比較沒慈悲心，千萬不要把自己逼太緊，有時候就是內心不溫暖，難以對孩子傳遞祝福，但仍要繼續努力，長期練習絕對會培養慈悲心和同理心。等到你習慣這些感受，試著把這些感受融入你跟孩子的日常相處中。慈悲心是平靜快樂的感受，你會想要減輕別人的苦難，但是並沒有受到別人的情緒觸發，所以，要試著區隔人我，一方面跟孩子保持連結，另一方面跟孩子區隔，尊重各自的情緒經驗。

別忘了孩子經常任憑上行系統擺佈

人類的前額葉皮質和下行系統，要等到二十五歲才發育完成，所以小孩子的反應通常受制於杏仁核，無力退一步自行反思和理性思考。小孩子也經常被杏仁核劫持，身上只有狂暴的上行系統，卻沒有下行系統來抗衡。不過，孩子並非無法反思或理性思考，只是面對強烈的情緒時，容易受制於情緒，難以自我調節、自我覺知並進行道德思考，但大人基於方便，都會希望孩子做到完美。

當孩子困在強烈的情緒裡，我們做父母的必須退一步，先安撫我們從杏仁核發出的情緒反應，別認為孩子是在針對自己，因為孩子並無法安撫情緒，因此每次有調節情緒的需求，孩子通常會採取尖叫、哭鬧、頂嘴、忽視等令人難以容忍的方式來恢復情緒平衡。他們現在這個年紀就只能做到這樣，來打破局面讓自己好過，所以孩子需要的是父母陪伴他們一起調節情緒，父母幫助他們培養情緒管理，而不是批評、懲罰或評價。

注意睡眠和飲食，因為心智、頭腦和身體都互相關聯

我一定要強調睡眠對情緒調節的重要性。當我們睡眠不足，我們平衡、調節情緒以及保持連結的能力都會受損，孩子更容易受到影響。如果有什麼規矩不能通融，睡眠絕對是其中之一。我自己連續熬夜幾天，就會難以放鬆和同理，容易情緒失調。每當你感到疲憊，或者有疲憊的徵兆，便要開始連結你的身體，覺察身體要告訴你的重要訊息。

飲食對情緒健康的影響也很大，我們現在知道腸道有一億多個神經元，因此有些研究

人員把腸道視為「第二個腦」。腸道會發出幾種神經傳導物質，跟正向心情有關，包括大量的血清素。現代人生活忙碌，加上要求便利和舒適，已經改變了我們飲食的內容和方式，包括攝取大量的糖分、包裝食品、缺乏營養的食物，都會影響情緒健康、荷爾蒙平衡。此外，下迷走神經主掌消化，可以讓我們慢活靜心，現代人吃太快或邊忙邊吃，沒時間好好覺察、品嚐和品味餐點，恐怕會破壞我們跟食物、身體和腸道健康的關係。

培養孩子的平衡和韌性

試著接納孩子原本的樣子，放下評價！

放下你為孩子畫好的人生藍圖，讓他們有能力看見自己。你要接納並珍惜你看見的一切，這不就是每個人最深層的渴望嗎？一種被接納和被理解的感受。你要讓孩子有安全感，一種以信任作為基礎，「從身體」由衷感到情緒安全。孩子之所以有這種信任感，是因為知道你站在他那一邊，相信你會「理解」他們和他們的感受，也相信你會溫柔承接他們的情緒、脆弱和困惑，以及你自己心理的弱點，不會隨便對他們強硬。如果孩子對你沒有安全感，恐怕也無法從其他人身上獲得，因為他們會覺得自己不值得。

接納孩子原本的樣子，透過單純的陪伴，讓他們明白你的接納。記住了，你跟孩子的互動影響深遠，包括孩子對自己的觀感，孩子覺得自己值不值得愛，以及孩子未來關係的模板。當孩子願意展現脆弱、受傷和弱點，把自己的心掏出來，交到父母的手上，這是多麼難得的事。如果你可以放下念頭、規矩和焦慮，不去管孩子應該怎麼樣，孩子的未來應該怎麼過，或者父母的生活應該過得多舒服，只是單純跟孩子同在，你會發現你跟孩子的連結有多麼充實美好。

試著挑戰你不自覺對自己、孩子和世界的要求。世上並沒有哪一條宇宙法則，規定你和孩子要條理分明、親切、負責、完美、守時之類的。這些都是左腦想出來的，如果非要做到不可，只會徒增雙方的評價、壓力、負面情緒和氣憤，例如：用左腦的方式展現慈愛，急著說話給建議，孩子也只是迫於左腦和規則，硬是表現出親切的樣子。有時候就算孩子有意展現親切，但就是親切不起來，比方有人遭受不公平對待，孩子知道是某人做的，就會想跟那個人爭辯，說一些傷人的話。

你可能對孩子的行為有所期待，希望讓自己舒服、安心、穩定或者有間接的自我成就感，但每一位孩子都獨一無二，有各自的價值、需求、個性和渴望，唯有你懂得尊重孩子的個性，孩子才會跟你有連結。你當然可以無視孩子的個性，鼓勵他們活出你重視的價值，但千萬不要把孩子規定得死死的。

孩子必須敢在你面前展現自我，不用害怕跟你失去連結。當你聽他們說話或看他們做事，開始陷入糾正、自我本位、評價或焦慮的時候，你和孩子就會失去連結。為了跟孩子深度連結，你必須軟化自己的態度，包括你的心、你的心智、你的規則和不安。就算孩子毫無保留的表達自我，也不會擔心被你評價或羞辱，但如果孩子做出傷害自己和別人的事，或者有點不知所措，你大可溫柔的引導，無須過分擔心現在或未來。

父母都會擔心孩子，大概是教養的責任很大吧，但仍要控制好自己的憂心，因為你的擔憂最後也會變成孩子的憂心。給孩子自由的空間去成長，別期許他們一下子就做到最好。讓孩子學會接納自己的現狀，同時透過反思和持續努力來改變自己，每個人的頭腦都有可塑性，都是可以雕塑的。做起來不容易，但是先調節好情緒，培養慈悲心和正念，絕對會有幫助。

糾正孩子之前先建立連結

當過父母的人都知道，我們跟孩子相處不可能只指望連結，無論這個理想有多美好都不可能！我們還是要適時糾正孩子的錯誤，因為教養要做得好，必須結合高度溫情和高度權威。我們跟孩子連結，對孩子展現慈悲心，還是可以對孩子說一些重話。孩子仍要學習容忍苦痛，包括犯錯時接受糾正，明白自己行為的後果。無論再怎麼痛苦，這都是成長必經過程。孩子也要有快要超出身心容納之窗的經驗，但父母親仍要適可而止。

不過，如果我們糾正孩子時少了溫暖和連結，孩子會感到羞愧或威脅。如果只是輕微的羞愧，仍然聽得進你所說的話，對於孩子的行為仍有社會嚇阻效果，但如果孩子感到極度羞愧，例如他在乎的人對他或他的行為表達厭惡和輕蔑，這種「難受」會傷害他的自我意識，進而促發腦部的威脅防衛反應，開始停止理性推論和意義建構。

糾正孩子需要看得深遠，你不是要讓孩子變成完美寶寶，以便你和孩子逃過任何痛苦情緒、排擠、失敗或失望，也不是要讓孩子受到大家認可，保證孩子這輩子一帆風順，也不是要把每件事安排得妥當舒適。反之，痛苦情緒是人生必經過程，無可避免，無論你讀了多少教養文章，或者你帶給孩子多少正確的經驗都沒有用。你該做的只有陪伴，保持情緒調節和慈悲心，陪他們度過犯錯和情緒痛苦，也陪他們找到在世界的定位。

這麼做會在孩子的腦袋建立連結，讓孩子得以安撫和調節情緒，還會培養孩子的韌性。你的支持會讓孩子感到安全，孩子會更有勇氣和信心，孩子也會明白，情緒只是來來去去的感官而已。這也順便教孩子，不要怕脆弱、失敗、批評或不安，無論當下有多麼痛苦都會雨過天晴，所以沒什麼好怕的，但前提是孩子面對痛苦、抵抗或失控時，父母要保持情緒穩定和開放心胸。

會主動為他們準備零食盒或文件夾。

在權威和縱容之間求取平衡

父母必須自在的展現權威，但每一個孩子都是獨立個體，所以父母仍要對孩子展現溫暖、仁慈和尊重。舉例來說，你不用控制孩子吃的每一樣東西，而是給孩子兩三項你覺得適宜的選擇。這種教養方式會培養孩子更高層次的大腦皮質，主要跟決策和道德行為有關。給孩子選擇和界線，是在賦予孩子力量，尊重孩子有跟父母不同的想法和感受，反而會促進親子連結，提升人與人之間的溫情。

多鼓勵孩子獨立思考，提一些問題，幫助他們理解事情。聊一聊父母、孩子和別人的感受，但別「要求」他們馬上理解，孩子必須等到腦部成熟，才能夠理解這些事，說不定要等到成年才能做到。你不用把孩子教得很完美，你是要為他們奠定基礎，其他就交給他們自己了。他們不領你的情，也不一定會失敗。就算看孩子跌跤了，仍要保持態度和善。孩子不是你的翻版，孩子是有自身需求、個性和抱負的個體，就像我們每個人一樣，很複雜、會犯錯、不完美，但永遠值得你的愛和接納。

跟孩子建立連結，但是別讚美他們

最後一個關於溫情和權威的提醒：你可以對孩子表達愛、仁慈和溫暖，但不要讚美孩子。讚美就跟評價沒有兩樣，孩子會淪為別人眼中評價的對象。不要讚美和評價，只關注孩子的感受，讓孩子由內而外認識自己的價值、個性、喜好、需求、不安、動力，而非由外而內。你可以欣賞孩子，但不要讚美孩子，而要讓孩子建立更強烈的內在意識，認為自己是獨特、複雜、會犯錯的人，有太多面向，所以不需要接受任何人評比和評價。孩子會逐漸長出真誠（authenticity）、自我覺知和自我尊重，久而久之，他們做的人生決策會順著自己的情緒、需求和偏好。如果你想要讚美孩子，覺得這麼做令你滿足，那就稱讚他們投入多少的努力，他們採取的策略有多棒，而非稱讚他們這個人，比方你可以說：「我喜歡看你認真畫畫的樣子」，而不是說「哇！你真有畫畫的天分！」

如果你還想多了解一點，卡羅爾・德維克（Carol Dweck）出色的研究探討孩子如何形成對自我智慧和個性的看法，雖然這些看法無法言傳，卻無形中發揮影響力，決定孩子面對挑戰和困境的毅力。孩子的心態會影響他們面對失敗的態度、自信心的穩固程度以及如何克服難關。

最後一些想法

培養孩子的韌性和情緒調節力，絕對不是**做來的**，而是**陪來的**，我知道不容易。一切從你自己開始，試著練習自我接納、善待自我和正念，你會真正體會本書的內容，所以你不是在腦袋想，而是落實在生活和呼吸中。如果你要從這本書學走一樣東西，**連結**絕對是最重要的建議。

最後，別忘了你也是凡人，有你自己的情緒起伏，不可能永遠充滿愛，一直對孩子敞開心胸。只要你對孩子敞開多於封閉，長期下來會累積很多信任，孩子也會更願意原諒你的小錯誤和小缺點。你會創造一個良性循環，而非惡性循環。當孩子覺得自己被理解、被接納、被珍惜，就會願意乖乖聽你說話，也會想要討你歡心，因為他們真心樂意，進而促進你對他們的連結和慈悲心。一旦處於這個狀態，你們會一起成長共好。孩子也會把這種存在方式帶到其他人際關係，帶到他其它投入的事物，這就是你給孩子最棒的禮物！

謝辭

我父親在一九九七年離開人世，當時我剛升大一，要不是他對我人生的影響，我也不可能寫出這本書。我父親總是鼓勵我發問、反思和挑戰現況，從來不逼我做任何我覺得不適合的事情。我親生母親在我三歲就過世了，我和哥哥都是繼母帶大的，繼母把自己的需求和渴望放一邊，讓我到英格蘭受教育，我十分感激。我人生可以走到這裡，也要感謝我表哥皮許，我失去父親後那段日子，多虧了他的大方和善意，我才沒有迷失。我差點要崩潰的時刻，還好有他相信我會克服萬難，對我的成就感到自豪。這是我永生無法回報的恩情。

我對老公深表感謝，他總是輕易體現這本書的價值和精神。他是我的磐石，這二十年來，他總是擁有那股穩定、善意和中庸的力量，對我來說很重要。我相信，我和他相愛，徹底改變我的頭腦、心智和自我意識。他永遠把我和孩子的需求看得比自己更重要，跟我完美的繼母一模一樣，繼母對我們的愛也是慷慨大度——純粹、無私、永遠不懈。

我感謝老公在事到臨頭，我需要建議和支持的時候，不斷鼓勵我和幫忙我，尤其是大半夜的時候！我也感謝孩子的體諒，我為了寫這本書，無法在他們需要的時候給予關注。我希望讓孩子明白，對我來說最重要的事情，依然是他們，花時間陪伴他們、滿足他們被愛的需求。我兒子天性快樂有韌性，不斷提醒我寫書是值得努力的事情，我經常在週末振筆疾書，他們也很樂於自己找樂子。我也感謝寫這本書的時候，身邊有我女兒的陪伴，她的同理、善意和包容總是鼓舞我和滋養我。我和孩子互相照顧著彼此。

我還想感謝一些人給我意見和建議。我朋友喬和丹尼爾讀了初稿，我妯娌佩里不只讀了前面的初稿，也持續在兩年間閱讀我更新的內容。我同事羅莎用她絕妙的右腦視角，幫我看過這本書的一些內容。我朋友、家人和同事都曾經在漫長的寫書過程中，給予我鼓勵和包容，我衷心感謝和感恩。

我感謝湯姆・艾斯克，要不是他的耐心、洞見和引導，這本書也不可能成形。我感謝雅曼達・肯茲和烏納・麥戈文幫我潤飾文稿。我也要感謝蓋爾斯・路易斯和尼基・利德，鼓勵我寫教養的書籍。教養絕對是我最值得寫的主題，探討父母的愛如何深深影響著孩子，我深深感謝有這個機會。

如果沒有許多偉大的研究，我也不可能寫出這本書，這些研究打開我的視野和心胸，體會到愛與連結如何改變頭腦、心智、生理健康和體驗世界的方式。我要感謝一些學術界泰斗，他們的研究確實改變我、個案和小孩的人生，尤其是伊恩・麥卡斯特（Iain McGilchrist）、亞蘭・斯霍勒（Allan Schore）、史蒂芬・波吉斯（Stephen Porges）、丹尼爾・席格（Daniel Siegel）、保羅・吉伯特（Paul Gilbert）和芭芭拉・佛列德里克森（Barbara Fredrikson），這些人的研究把兜了大半圈的我們，拉回了原點！

國家圖書館出版品預行編目(CIP)資料

不再焦慮的深層教養：教養從心連心開始,減輕父母的教養壓力,喚醒內在愛的直覺 / 雪莉.喬漢(Shelly Chauhan)著；謝明珊翻譯. -- 初版. -- 新北市：大樹林出版社, 2021.04
面；　公分. -- (育兒經；4)
譯自：Heartfelt parenting : how to raise emotionally balanced and resilient children using the science of connection
ISBN 978-986-06007-2-8（平裝）

1.親職教育 2.子女教育

528.2　　110003115

育兒經 04

不再焦慮的深層教養：

教養從心連心開始，減輕父母的教養壓力，喚醒內在愛的直覺

作　　者／雪莉 · 喬漢（Shelly Chauhan）
翻　　譯／謝明珊
總 編 輯／彭文富
執行編輯／黃懿慧
內文排版／菩薩蠻
封面設計／葉馥儀
校　　對／邱月亭、游千慧
正念引導口白／Hareen Cheng
出 版 者／大樹林出版社
營業地址／235 新北市中和區中山路二段 530 號 6 樓之 1
通訊地址／235 新北市中和區中正路 872 號 6 樓之 2
電話／(02) 2222-7270　傳真／(02) 2222-1270
官　　網／www.gwclass.com
E – mail／notime.chung@msa.hinet.net
Facebook／www.facebook.com/bigtreebook
發 行 人／彭文富
劃撥帳號／18746459　戶名／大樹林出版社
總 經 銷／知遠文化事業有限公司
地　　址／新北市深坑區北深路 3 段 155 巷 25 號 5 樓
電　　話／02-2664-8800　傳　　真／02-2664-8801
初　　版／2021 年 04 月
HEARTFELT PARENTING: USING THE NEUROSCIENCE OF CONNECTION TO NURTURE YOUR CHILDREN FOR RESILIENCE AND WELLBEING by SHELLY CHAUHAN. First published in the English language in the United Kingdom in 2020 by Robinson, an imprint of Little, Brown Book Group. Copyright: © by SHELLY CHAUHAN. This edition arranged with Little, Brown Book Group, London, through Big Apple Agency, Inc., Labuan, Malaysia. Traditional Chinese edition copyright: 2021 BIG FOREST PUBLISHING CO., LTD All rights reserved.

定價：台幣／ 380 元　港幣／ HK$127 元　　ISBN /978-986-06007-2-8

版權所有，翻印必究
本書如有缺頁、破損、裝訂錯誤，請寄回本公司更換
Printed in Taiwan

《不再焦慮的深層教養》線上回函

掃描Qrcode，填妥線上回函完整資料，即可獲得贈品——「引導你與孩子深層連結的10個正念練習」影片檔連結，讓你隨時都可收聽。

回函贈品：「引導你與孩子深層連結」的10個正念練習

正念練習01：學習覺察和感受，放下思考和評斷
正念練習02：連結你的右腦和左腦
正念練習03：連結你的右腦，讓自己慢下來
正念練習04：培養情緒調節的能力
正念練習05：學習鎮定和安撫不舒服的情緒
正念練習06：接納孩子的負面情緒
正念練習07：用慈悲心對待自己
正念練習08：跟孩子相處時有安全感，而非帶著壓力
正念練習09：抑制交感神經和活化副交感神經
正念練習10：慈心靜觀

中文版音檔來源：

中文版是根據本書作者網站的正念引導音檔（https://reurl.cc/V3WArb）錄製中文版，由靈性老師Hareen翻譯並錄製，帶領你放鬆大腦、放下焦慮，和孩子深度連結。

注意事項：

★活動日期：即日起～2025年02月21日。
★影片檔連結僅限購書讀者個人使用。
★追蹤大樹林臉書，獲得優惠訊息及最新書訊：http://www.facebook.com/bigtreebook